COLLECTION POÉSIE

EUGENIO MONTALE

Poèmes choisis
(1916-1980)

Préface de Gianfranco Contini
Édition nouvelle
de Patrice Dyerval Angelini

nrf

GALLIMARD

Les poèmes suivants ont été traduits par Mme Louise Herlin : *Lindau, À Liuba qui part, Le parc de Caserte, Accelerato, Visite à Fadin.*

Mme Gennie Luccioni a traduit *Sur la colonne la plus haute.*

M. Philippe Jaccottet a traduit *Punta del Mesco.*

POUR PRÉSENTER EUGENIO MONTALE

Un ami commun nous a raconté la petite histoire suivante : Montale, le Génois Montale, le marin et citadin Montale, se trouvait en villégiature dans une région alpine de la Lombardie, à un endroit proche d'un paysage célèbre. C'était, semble-t-il, une gigantesque coulée de glace qui obstruait l'horizon sur le fond de la vallée, mais était trouée, de sorte que l'azur du ciel étincelait à travers l'ouverture du cristal. On amena donc le poète contempler cet illustre spectacle. Mais sitôt mis en présence de la merveille de la nature, il n'eut rien de plus pressé que de lui tourner le dos — quelques atomes d'indignation vibraient encore dans la voix de l'ami lombard —, prétendant que cela était à son goût trop grand, et que seules les petites choses sauraient susciter son intérêt. Montale craignait-il l'emphase — l'emphase des sentiments, bien sûr — le jour où il affecta de ne remarquer à Pérouse, l'une des réussites les plus absolues de l'Italie, que telle place triangulaire, tel étalage de boucher : ces détails, un rien artificiels et hors la loi, devant lesquels il n'aura eu garde de s'arrêter en extase, mais qu'il repêchera à la fin de la journée ?

L'anecdote alpine en dit long sur le penchant de Montale à découvrir des valeurs cosmiques dans les détails infimes, à s'engager dans des procédés descriptifs extraordinaires de minutie, qui pourraient bien lui livrer l'indice décisif. Elle est aussi révélatrice de sa méfiance envers les grands Objets et de sa pudeur à l'endroit des grands Sentiments qu'ils commandent. Ne voit-on pas sa tendresse s'exposer avec le moins de réserve lorsqu'il s'agit de s'apitoyer sur le museau du lièvre assassiné à la vitrine du marchand de volaille ? Il y a plusieurs façons de tordre le cou à l'éloquence. Celle de Montale n'est pas des moins radicales, et cela en dépit de l'abord aisé de ses rythmes, voire même de leur air légèrement cantabile, *en dépit de son absence d'affectation antitraditionnelle, en dépit enfin des choses d'un intérêt très primordial qui finiront par être énoncées dans ses vers. On a pu insinuer que son point de départ est celui d'un « homme à prose ». Et l'on a pu déclarer également que son sentiment fondamental est de nature « différentielle », en ce sens qu'il spécule sur une fracture extrêmement improbable qui se produirait dans le bloc monotone du temps.*

Cette anecdote a encore l'avantage de sentir son homme et de le faire sentir derrière l'écrivain. En Italie tout au moins, la psychologie n'est guère à la mode depuis bientôt des générations. La critique littéraire a un souci farouche de sa pureté et n'a garde de se compromettre avec les sciences de la nature. Nous serions le moins qualifié pour soulever une objection quelconque contre une telle méthode, et on va voir bientôt à quelles fins littéraires nous quittons en apparence les procédés absolus, qui serviraient mal à tisser un discours quotidien, pour demander provisoire-

ment qu'en traitant du secret du poète Montale on n'oublie pas le fonctionnement de l'homme Montale. Il existe une « légende » de Montale, et les lecteurs des Occasioni, cherchant à pénétrer la légende de Dora Markus, pourraient d'autant moins la négliger qu'elle est de la même origine, mythe d'un poète. Quelques pages de prose, encore plus douloureuses que cocasses, retracent par exemple des souvenirs d'enfance, telle la drôlerie du père s'enveloppant au cœur de l'été dans une lourde pèlerine et murmurant (en français) parmi des frissons simulés : « Il fait bien froid, bien froid. » En d'autres cas, c'est à la tradition orale, aux confidences mêmes de l'auteur, qu'on devra puiser, et c'est ainsi que les valeurs héréditaires du sang, ces valeurs qui figurent parmi les ingrédients du « sort » et de la « destinée » sur le fond de la poésie montalienne, apparaîtront ironisées dans l'histoire du frère aîné qui, caché derrière une haie, surprend le paysan de Monterosso (un village des Cinque Terre, près de La Spezia) déclarant en son patois : I Montâlli sun albitriusi — ce qui se traduirait par : « La race des Montale est toute-puissante. » On y reconnaît d'abord la qualité négative que Montale a accusée chez lui-même : l'absence d'imagination, l'impossibilité d'inventer. Mais elle ne fait que mieux rehausser la contrepartie positive, à savoir la fantaisie de la mise en scène et la verve prodigieuse du mime. Cette élégance qui sait broder si prestigieusement sur une matière raréfiée et presque inexistante, ce serait, si le mot n'était décrié, l'art d'un clown, d'autant plus précieux qu'il est périssable, fait pour l'instant, et qu'il ne saurait compter sur une postérité : nul poète n'y aura été plus brillant depuis Max Jacob. Encore l'adorable Max prolongeait-il le *divertissement sur sa page, sans souci de distinguer entre l'art et le jeu, tandis que l'œuvre de Montale, grave et tragique, se réserve pour l'insupportable vérité que camoufle l'art poétique de la vie.*

À propos d'un romancier de ses amis, aux mœurs en somme assez diurnes, qui choisit ses héros extraordinaires dans un milieu disparate et interlope, Montale posa une fois cette question : Où trouve-t-il le temps, tout compte fait, de vivre avec ses modèles ? On peut se poser à son sujet quelques questions analogues. Par exemple : où Montale, cet homme menacé, entouré de précautions contre l'insomnie et la fatigue, à qui on ne saurait attribuer les habitudes poussiéreuses de l'érudit, trouve-t-il le temps d'être (avec la lassitude correspondante) celui qui a « lu tous les livres » ? Car il est clair que sa poésie naît au terme d'une véritable saturation culturelle. Cet homme affable, ouvert, cet homme visible, qui laisse pénétrer dans sa vie, qui n'a pas d'heures à cacher, d'où vient-il qu'il paraît si mystérieux, que son œil gris, ses gestes tracent le contour d'une barrière infranchissable ? Eh bien, la vie même est un défi, et un miracle cette faculté de supportation et de survivance, quand le néant est, pour ainsi dire, aussi présent à l'âme.

Ce point nous replace en plein monde poétique. Car, si nous avons plongé pendant quelques minutes dans les Montaliana, c'est que la première phase de cette poésie est négative dans le sens d'une biographie portée à la limite. Si l'on souligne au préalable l'aspect biographique *de cette personnalité poétique, cela signifie que son problème capital n'est pas un problème formel. Ce n'est évidemment pas une absence de style qui marque la poésie de Montale ; tout au contraire, son langage très spécifique, l'abondance parfois anxieuse de la nomenclature technique exigée par son descriptivisme, les formules magiques de la destinée et du retour risquent de donner précocement à ses vers l'empreinte d'un « poncif ». Mais ce style a quelque chose d'involontaire, ce vocabulaire naît sans provocations, sa métrique n'a rien de trop recherché : ce n'est pas un labeur ascétique opérant avec des symétries et des sections d'or qui oppose chez lui le rempart d'une structure indéfaisable aux forces destructrices du monde. Le problème formel de Montale est très nettement celui de la « forme » intérieure, de la forme au sens hégélien du terme, d'une orientation unitaire de sa matière psychologique : problème d'autant plus urgent que cette matière est en décomposition et qu'à ses débuts l'auteur n'a à sa disposition qu'une tradition littéraire de tout repos éloignée de la grande hardiesse expérimentale. Son chaos foncier postule un principe d'ordre.*

On respire d'avoir affaire pour une fois à un poète qui n'a pas été un enfant prodige. Même la voie qui l'a mené à la conquête de la forme intérieure (comme le chemin extérieur de la renommée) a été lente et coupée d'étapes espacées. Montale a publié son premier volume, Ossi di seppia, *à vingt-neuf ans, en 1925, mais ce livre n'a rayonné largement qu'à partir de sa troisième édition, en 1931. C'est l'inventaire d'un monde frappé d'inexistence. Tout sonne creux sous les doigts fébriles du poète. Ce n'est pas que l'utilité ou l'intelligibilité de la vie, c'est l'être même ontologique qui lui échappe. On reconnaît sans peine dans le continent désolé du premier Montale les restes d'un paysage familier, la mer étale, les rocs arides, la* végétation désertique de certaines parties de la côte ligurienne. Mais la contemplation de cette nature n'a pas pour finalité de placer l'homme devant les formes primordiales et élémentaires de l'existence (encore que Montale ait parfois essayé de se modeler sur le rythme de la Méditerranée) : l'élémentaire, « ce toit tranquille », cette argile, ces récifs, ces squelettes, ces cactus, n'est qu'un palier sur la pente du néant. Lorsqu'une fois, dans les Occasioni, Montale évoquera les Mères, il aura soin de juxtaposer cette notule ironique : « Voir au sujet des Mères les remarques, plutôt insuffisantes, de Goethe. »

On ne peut donc plus tirer de la contemplation de la vie ni un plaisir sensuel ni une certitude dans l'ordre de la connaissance. Mais cela n'est pas une donnée. Tout le processus qui amène Montale à ce résultat, toute l'épaisseur de la crise est présente dans Ossi di seppia, ce livre qui devient par là même un acte vital. On peut y reconnaître en gros deux sortes d'opérations : un procédé gnomique, visant à la fermeture de l'épigramme, et un procédé d'épuisement descriptif. Le premier est étroitement lié à la tradition spécifique de Montale, tout particulièrement à la culture poétique de la Ligurie vers 1915, que les personnalités de Giovanni Boine, Mario Novaro, Camillo Sbarbaro et la revue de la région, la Riviera Ligure d'Oneglia, précisent dans le sens d'une méditation éthique, souvent religieuse. On rencontre les premiers écrits de Montale sortant de la province dans les périodiques littéraires faits plutôt par des moralistes que par des adeptes de la poésie pure, du lyrique à tout prix : Il Baretti de Turin, dirigé par Piero Gobetti, éditeur et théoricien de la Résistance spirituelle à ses débuts, Il Convegno de Milan, et la *précision vaut aussi dans une certaine mesure pour la plus européenne des revues italiennes,* Solaria, *de Florence. Mais c'est le procédé descriptif qui est le plus typique chez Montale. Dans un désir haletant de tirer quelques valeurs de la réalité, il tâchera de la définir par la somme de ses moindres composantes, et c'est un échec lamentable qui couronnera cette tentative ultime : ce mort, pour avoir été scruté dans ses recoins, n'en demeure pas moins un cadavre ; il ne reste qu'ennui, inutilité, mal de vivre ; la seule chance de salut sera alors dans l'immobilité, dans la trêve à toute activité.*

Cela explique l'embarras dans lequel les Ossi di seppia *devaient plonger la critique — et nous songeons à celle-là seulement qui a une idée très scrupuleuse et absolue de la poésie. L'importance du document humain, de cette attitude gnoséologique portée à la limite, était indéniable. Le frisson nouveau avait parcouru ces parages. La « puissance » poétique de Montale n'était inférieure à celle d'aucun de ses contemporains. Mais enfin, ce qui était « présent » dans ses vers était le désespoir — si l'on veut, la physiologie et la biologie du désespoir — dans ce qu'il a de plus radicalement négatif. Leopardi lui-même dit avec force, quelque part dans son* Zibaldone, *qu'il est impossible de faire de la poésie, fût-elle la plus désolée, sans une parcelle, une lueur d'espérance. On ne saurait éluder la justesse de ce théorème : la poésie est une affirmation d'être, une présence, une valeur positive. Comment, dès lors, faire place au Montale d'*Ossi di seppia *dans les grands registres du Positif ? La trêve à l'activité, les repos auxquels nous avons fait allusion, ébauchent la première fracture : fracture du négatif.*

Ainsi dans Portovenere : *ne pas s'analyser, jouir de la suspension ; « tu repartiras plus tard pour prendre un visage ». Ce n'est pas l'absence de salut qui peut définir un poète en tant que tel, ce sont ses instants de salut. Rien de plus simple, en effet, que de poursuivre ces moments exceptionnels et privilégiés dans* Ossi di seppia, *ou, si l'on préfère, de rechercher la préfiguration des* Occasioni *qui est incluse dans ce premier livre. Ce sont en général des images, indéchiffrables encore, mais qui paraissent arrachées à une sphère mystérieuse et inédite, profondément reliée d'ailleurs à la substance vitale du poète. Le sifflement du remorqueur dans* Delta, *ce « symbole » au sens strict du terme (aucun soupçon d'allégorie, car l'au-delà, la contrepartie de la « correspondance » sont rigoureusement illisibles), en est l'exemple peut-être le mieux cristallisé. Il est extrêmement significatif que cette position spirituelle soit assumée en quelque sorte comme programme dans le poème qui ouvre* Ossi di seppia (In limine) *et en constitue une manière de préface : Montale souhaite à son lecteur de rencontrer dans son domaine, « reliquaire et non verger », l'image qui pourra le sauver, de repérer « le maillon brisé dans le réseau qui nous serre » et de parvenir à s'échapper. La possibilité d'évasion est, on le voit, projetée sur le lecteur, et il y est également question d'un « enchevêtrement de souvenirs défunts » qui s'engloutit dans ces vers. Que le salut devienne la chance infiniment improbable, mais espérée, de l'homme, sans en excepter l'auteur, qu'il se précise historiquement dans la résurrection d'un « passé », naturellement fabuleux, et aux* Ossi *succéderont* Le occasioni. *Mais il convient de souligner d'ores et déjà que la recherche que nous avons décrite* sommairement au point de vue objectif, et qui risquerait de faire apparaître la poésie de Montale comme quelque chose de ponctuel, momentané et fragmentaire, si on l'envisage au point de vue subjectif, se mue dans l'attente qui veine une « durée » humaine. Il faut faire droit à cette durée dont se composent les personnages de Montale, notamment celui d'Arsenio, très manifestement autobiographique. La poésie de Montale ne se passe point de mythologie : ses personnages ont une légende et une destinée, et leur substance sombre et cachée est évoquée en d'autres séries de mots-clefs, celles qui se rapportent au sang et au tissu vital.

Cette opposition d'Ossi di seppia et d'Occasioni, nous l'avons peut-être légèrement raidie en vue de rationaliser notre sujet. Il n'en demeure pas moins que les thèmes typiques des grandes pièces des Occasioni sont par exemple : le papillon de la mort, soulevé dans la sphère des survivants « d'une vie qui a disparu sous terre » (Vecchi versi) ; le vain désir d'arrêter le temps, d'éterniser l'instant à travers les objets qui l'entourent (Carnevale di Gerti) ; la recherche du « signe perdu », la menace d'une « aile rude » qui eût pu changer la destinée, la plus-value symbolique et évocatoire d'un profil de palmier, la phrase musicale qui insiste à travers les affaires ordinaires de la journée, le visage que les ciseaux du jardinier automnal coupent avec les branches de l'acacia, dans différents « motets » ; le retour dans un lieu auquel la mémoire tient encore par un fil, tandis qu'il a disparu du souvenir de celle qui y fut complice en un temps éloigné (La casa dei doganieri) ; le souvenir de la femme, qui seul lutte pour se maintenir dans la débâcle des existences absorbées

(Bassa marea) ; *la vague perception d'une vie prénatale, ignorée mais immanente* (Stanze) ; *un souvenir vivant évoqué par la pluie* (Sotto la pioggia) ; *le retour au pays de l'enfance, et aussi à l'enfance perdue* (Punta del Mesco) ; *la « bergère sans troupeaux » qui revient et déchiffre quelque chose qui reste impénétrable au poète* (Corrispondenze) ; *l'image obsédante que suscite la chambre solitaire à la montagne* (Notizie dall' Amiata). *Nous n'avons fait que feuilleter le livre en nous arrêtant aux seuls endroits d'une évidence thématique criante dans le sens de notre thèse, et sans même nous donner la peine d'altérer l'ordre de ces apparitions. Il nous est arrivé plusieurs fois de choisir comme exemple représentatif — et il ne saurait en effet y en avoir de plus didactique — le « motet » de Modène (Montale appelle ainsi de courts poèmes, d'une élégance et d'une concentration saisissantes, qui résistent à la comparaison avec Emily Dickinson). Dans ces vers, le spectacle étrange est fourni par deux chacals qu'un serviteur couvert de galons tient en laisse dans les rues de Modène : ce spectacle, dépourvu de sens visible, n'est-il pas trop anormal pour ne pas avoir, précisément, de sens secret, sans doute une trace d'Elle et de Son passé, difforme et labile ? ou bien est-il sous le signe de la mort ? Si par ailleurs l'on choisit pour canon heuristique ce critère de* Stilkritik, *la hantise lexicale qui fait reparaître thématiquement les mots décisifs, la fréquence obsédante de substantifs tels que* segno, indizi, *voire* ricordo *ou* memoria, *de verbes tels que* tornare *ou* ritornare, ritrovare, riportare *et naturellement* ricordare, *d'adverbes tels que* già *ou* tardi, *de questions destinées à se heurter au mur de la cécité, de passés définis qui transfèrent à jamais l'anecdote dans un ordre symbolique et fatal* (Vecchi versi, Buffalo, Verso Vienna, Verso Capua, Accelerato, *etc.), retrace la même image générale des* Occasioni. *Ce livre, tout consacré, comme nous l'écrivait un jour Montale en employant le mot de Shakespeare, à un « Only Begetter », est en somme un long poème de l'absence et de la séparation, non seulement de l'absence et de la séparation physique de la femme aimée, mais d'une Absence et d'une Séparation qui, pour être dominantes et exclusives, en deviennent métaphysiques. C'est le sort de tout* amor de lonh. *Montale porte son attention morbide sur une chance invraisemblable de salut et de présence, qui, depuis le moment où il considère l'avenir impossible et l'Histoire conclue, ne saurait être qu'une reviviscence instantanée du passé soustrait à sa contingence. Cela a un nom en littérature, cela s'appelle une « intermittence du cœur ». Rares sont pourtant les madeleines et les pavés de Montale, rares ses cris de triomphe (voir le final de* Sotto la pioggia, *et surtout de* Punta del Mesco*). La Recherche (au sens proustien) de Montale se nourrit bien plutôt d'une hygiène vitale que d'une espérance consciente et responsable.*

Peut-on considérer, dès lors, l'œuvre de Montale comme un simple catalogue d'ouvertures fulgurantes ou attendues et de déceptions métaphysiques ? C'est une simplification un peu brutale qu'amèneraient, dans ce cas, les nécessités de l'exégèse. Nous avons déjà indiqué que la durée de l'attente est visible dans la formation des personnages avec leurs légendes : Dora Markus, Gerti, et surtout les protagonistes du drame, Arsenio lui-même et Celle qui n'est jamais nommée (sans doute, faut-il le dire ? la moins objectivée). Mais cette remarque doit être approfondie dans une autre direction. Les intermittences du cœur sont loin d'épuiser le tissu de la Recherche, *dont elles sont cependant les pivots. La méthode a pris corps dans une durée quotidienne qui ne cesse d'interroger des choses dont chacune est un dépôt de mémoire, susceptible d'ouvrir le gouffre paradisiaque d'une révélation capitale. Cette attention suraiguë, Proust n'a pas craint de la définir défaut d'esprit d'observation, car ici les choses ne sont pas elles-mêmes, mais déclenchent sans cesse, se décomposent prismatiquement, par une sorte de prodigieux divisionnisme psychique (un véritable Monet de mémoire!), en une multitude d'*autres *choses. Il convient de considérer d'une façon quelque peu analogue l'attention que Montale prête à l' « écran d'images » dont parle le « motet » de Modène. La recherche une fois installée, le descriptivisme ingénu, hâtif et parfois informe d'une partie d'*Ossi di seppia *cède la place à un descriptivisme adroit, calme et méthodique (nous allions dire rationnel) à une reconnaissance concrète et sensible de la surface de l' « écran d'images », à laquelle Montale doit quelques-unes de ses réussites récentes ; nous ne nommerons que* Notizie dall' Amiata *et* Elegta di Pico Farnese. *C'est ainsi que les « occasions » du titre ne sont pas seulement des occasions d'une connaissance capitale pour la félicité de l'homme et pour la justification même de son existence autrement précaire,* vivendi caussae, *mais encore des occasions au sens littéral et impressionniste de ce terme. Le vieux goût de Montale pour l'épigramme tire de là une sanction poétique. C'est que les objets, parfois légers et souriants, qui peuplent jusqu'au deuxième volume de Montale retiennent quelque chose de la valeur magique attribuée aux amulettes de Dora*

Markus. Même quand ils se trouvent sur le plan divergent où une somme de détails ne parvient pas à constituer un total viable (« il faut trop de vies pour en faire une »), leur témoignage d'absence ne repose plus sur la fausse vie qu'on essayait de leur attribuer naïvement. Ce sont des fantômes vides, dont l'apparence lumineuse et colorée et le creux intérieur figurent désormais dans un rôle parfaitement défini.

Nous ne pouvons nous flatter d'avoir épuisé par ces approximations successives l'univers de Montale ; et il reste en tout cas un secret plus profond qu'il s'agit au moins d'effleurer dans une allusion rapide. Qu'on veuille bien se rappeler que, dans le « motet » de Modène, l'image privilégiée autant qu'intraduisible au milieu du monde absurde, la « chose » surprenante, pouvait se rapporter aussi bien à la mort qu'à l'Only Begetter. Dans cette alternative de destruction ou de vie suprême se joue assez souvent l'incertitude, mais aussi le pari de Montale. Voyez l'arsenal d'objets défunts où se réfugie la velléité de vie vécue, dans Carnevale di Gerti ; voyez par contre, dans Lindau, l'eau qui ronge subrepticement les cailloux et l'emporte sur la volonté de mort de l'hirondelle. La réalité obscure des morts, que pressentait telle page d'Ossi di seppia, occupe le premier plan dans plusieurs poèmes récents de Montale, de L'arca à Alla madre. Mais à son tour une volonté de mort est le résidu substantiel de la vaine agitation des hommes, des « folles nénies », de la « balbutie ergotante des damnés », de la « guerre des mort-nés », de l' « éboulement vertigineux » où s'engouffrent encore des victimes. On touche ici à l'incidence de l'histoire contemporaine dans l'univers de Montale et au caractère profondément actuel de son *œuvre. La parution des* Occasioni, *fin 1939, au seuil même de la guerre, représente une date essentielle dans les annales de la poésie italienne de ce siècle. L'enthousiasme qui s'empara de la jeunesse intellectuelle à l'endroit de cette poésie qui passait pour « hermétique » tenait aussi à l'impossibilité d'autres sujets de passion délirante, d'autres sujets contenant la vérité : cela laisse espérer que la nouvelle Italie sera politique au nom d'intérêts extra-politiques, de même que les vrais succès littéraires ont des fondements autres que littéraires. Le livre de Montale répondait à quelque question fondamentale, peut-être même à* la *Question, des jeunes, bien que (ou sans doute parce que) cette réponse fût elle-même hérissée d'interrogations, de doutes, de désespoirs et d'espérances risquées. La position que Montale occupe en Italie depuis cette date est donc comparable à celle d'un T. S. Eliot dans les pays de langue anglaise (les affinités éliotiques de Montale ne sont d'ailleurs nullement négligeables) ou d'un García Lorca dans ceux de langue espagnole, voire d'un Éluard en France avant 1940. La complicité qui se noue entre lui et ses lecteurs n'est pas étrangère à ce qu'on nomme l'événement, mais se joue sur un plan plus intérieur où l'événement (événement subi et fatal) est lui-même assumé. On peut en conclure que les jeunes Italiens percevaient une exigence religieuse dans la désolation si nue de Montale, ce vide qui semble être sur le point de se remplir de Dieu. Notre ami nous pardonnera-t-il de citer encore un mot de lui, qui va plus loin que la boutade ? Un dimanche matin, sur le seuil de l'église où il allait écouter sa messe, un écrivain bien connu, tenant d'une tendance, qui s'était réclamée à ses débuts d'exigences catholiques, nous avait fait,* *dans un rare moment d'épanchement, une profession de foi plutôt théiste, assez singulière pour un irrationaliste : il admettait le Père, avouait-il, mais il avait peine à croire au Christ. Comme nous ne cachions pas à Montale notre surprise : « Moi, c'est plutôt le contraire que je comprendrais », dit-il ; « le Christ ne me fait aucune difficulté, c'est du côté de Dieu que j'en rencontre. » Est-ce pour cela que dans un poème de 1944 (*Iride*) il se présente sous l'aspect d'un ancien hérétique et s'appelle lui-même « le pauvre Nestorien égaré » ?*

Les allusions fréquentes aux événements, sous leur aspect de catastrophe pour ainsi dire géologique, projettent un jour d'apocalypse sur les poèmes de Finisterre, *une plaquette que Montale fit publier à Lugano en 1943 et qui a été réimprimée dernièrement en Italie. La transition vers* Finisterre *est admirablement représentée par l'un des poèmes de la fin des* Occasioni, Nuove Stanze, *dont la lecture renouvelée à cette occasion nous a révélé toute l'importance. Le poème est dominé par le son de la Martinella, la cloche du Palazzo Vecchio à Florence, que l'on n'entend que dans les circonstances funestes. La folie (nous sommes en 1939) va éclater sur la terre. Les pions dans l'échiquier jouent une partie dont ils ignorent le sens. Seule, Elle le connaît ; seuls, Ses « yeux d'acier » sauront résister à l'aveuglement, et vaincre. Ainsi se fondent le thème qui effleure l' « engagement » et celui de l'Only Begetter : la vigilance aux points de fracture s'élargit dans* Finisterre *en une véritable vision de la Lointaine, et cette transformation touche dans la même mesure l'autre moitié du thème. Le court « motet » sur le 11 août 1944 (date de l'entrée des alliés à Florence), où l'on aperçoit les tronçons du pont détruit de Santa Trinità ;* Iride, *où une vision d'Amérique éclaire le massacre commun des races, présentent ce même enlacement inextricable, qui paraît réduire les faits sous un angle modeste, mais en réalité les absorbe dans la structure fine de la personnalité. Le poème-programme des* Occasioni *ne proclamait-il pas : « À présent, j'ai lié à ce vide (le vide de la distance) tout motif de moi plus récent » ? Le titre de* Finisterre *réunit sur le plan unique, où toute contingence s'est muée en valeur universelle, les deux aspects de l'inspiration montalienne : d'une part,* Finisterre *est le cap enfoncé dans l'océan qui sépare de la Bien-aimée, le signe de l'absence ; mais d'autre part s'y révèle une allusion étymologique au désastre de la race humaine. Fidélité inaliénable à soi-même, à l' « homme ancien », solidarité humaine en dehors de tout programme, c'est bien par ces valeurs, qui ne sont pas deux valeurs, que se traduit l'actualité de Montale.*

GIANFRANCO CONTINI

NOTE DU TRADUCTEUR

La pénétrante préface de Contini éclaire magistralement le « premier » Montale, « classique », de 1916 (« *Meriggiare...* ») à 1944 (*Finisterre*). Considérant, après Alfieri et Leopardi, la prose comme nourrice et pépinière du vers, Montale, pour étoffer *Finisterre*, entendait mêler prose et vers dans son troisième recueil qui devait être un *Roman* autobiographique. La tentative avorta : naquirent (1956) séparément *La tourmente*, poèmes, et *Farfalla di Dinard*, récits ; mais pendant le silence (1955-1959) qui suivit, où prédominaient journalisme et mondanités, le processus suivait son chemin. Quand Montale veuf retrouve sa veine (1964) après un tâtonnement (1960-1963), surgit chez lui une poésie « contemporaine » qui, l'énonce-t-il, « tend vers la prose tout en la rejetant » (1971). On y sent passer l'esprit savoureux de sa femme, *Mosca* (« la Mouche »), brillant et capricieux, curieux de tout, voilé d'ironie tendre : « Celui que son humeur / a doté de l'humour / peut-il bouder la vie ? » (*Le don*, in *Autres vers*). Adoptant de plus en plus le « bla-bla-bla » (p. 179) de notre société où « tout devient vulgaire à toute allure » (*Autres vers*), Montale, antipoète discrètement snob et *blasé*, va mimer savamment « l'inflation du langage » (Jean-Charles Vegliante) par un bric-à-brac à la Pound exprimant « une immense dérision » (Alain Bosquet) : il nous sert ainsi la poésie soigneusement dévaluée que mérite notre temps. Ce sens du grotesque, il l'avait puisé très tôt dans l'opéra et l'opérette pour faire chanter ses premiers poèmes en « fausset » : et dès lors il s'était baptisé Eusebio, tant par autodérision (Eusèbe, chef des eunuques d'un empereur romain décadent) que par référence à la musique (Schumann signait Eusebius ses articles).

Le « second » Montale, acclamé en Italie (1971), a en France parfois laissé perplexe : « Eugenio Montale nous demeure toujours comme une énigme » (Bosquet, 1977). Le « premier » n'avait pas moins dérouté : « obscurisme », décrétait Leonardo Sinisgalli. Et Giuseppe Ungaretti, l'antagoniste de Montale, d'adresser en 1933 à Jean Paulhan un jugement dont la sévérité ne sera rectifiée qu'en 1958. Souvent, le poète se trouva réduit à n'être qu'un Ligure au verbe âpre jonglant avec « des objets solaires » (Dominique Fernandez) : « L'aridité de Montale » titrait Jean Rousset en Suisse dans *Lettres* (1946). Et le *Grand Larousse encyclopédique* : « poète sévère. Imprégné d'un pessimisme profond, il s'abandonne rarement au charme des images » (1963).

Or ses fidélités, que Contini souligne, Montale, chantre en sourdine d'une « décence quotidienne » et d'une histoire privée qui épouse l'Histoire, n'a cessé de les honorer dans son art comme dans son attitude. « J'ai écrit un seul Livre dont j'ai d'abord donné le recto, et donne maintenant le verso » (1975). L'engagement poétique, hautement inspiré de celui de Dante jusque dans le vocabulaire, a toujours été tenu. La poésie de Montale, en ses deux phases — complémentaires et non antithétiques — a constamment tendu à notre société l'exigeant miroir reflétant fidèlement son évolution — allant jusqu'à anticiper par le langage puis commenter à sa façon la cassure de 1968 et alentours — et la filtrant avec une acuité sans complaisance. À raison Mario Luzi parle d' « un univers personnel très compact » où, selon nous, rien n'est obscur car tout se répond, donc s'explique : et plus encore si on complète la lecture des poèmes par celle, fort enrichissante, des proses, largement ignorées en France. Cette continuité et cette cohérence, rien ne les illustre mieux que le paradoxe fondamental de Montale qui, de son pessimisme viril de « stoïcien » (Guido Piovene), tire, tel Leopardi, une invitation à l'espérance fondée sur la création poétique, comme il l'a encore déclaré à Stockholm (1975). Paradoxe, mais logique, chez ce poète tout ensemble « physique et métaphysique » (Pietro Pancrazi) avouant qu'il « n'a cessé de frapper aux portes de l'impossible » (1965) et qui, revendiquant son appartenance à un « sillon métaphysique » tracé par Baudelaire et Robert Browning et, secondairement, par Eliot, Hölderlin, Valéry, a pu œuvrer grâce à sa foi en l'évidence du miracle sur terre.

Reste que, malgré ses intentions fermement déclarées (cf. *Interview imaginaire*), « la poésie de Montale ne vient pas vers le lecteur à bras ouverts » (Anders Oesterling). Le premier comme le second Montale nous offrent « un texte dont l'abord n'est jamais séducteur, et démagogique encore moins » (Vegliante). Première manière : les « bonnes étincelles » (Edoardo Sanguineti), jaillies du heurt entre la

« langue sacrale » de la tradition lyrique italienne (remontant à Dante et Pétrarque) et le langage courant, procurent au lecteur transalpin « des jouissances qui nous sont à peu près interdites » (Michel David), par cet « intraduisible carambolage » (Fernandez). Seconde manière : intrusion du prosaïsme expérimenté dès *La tourmente*, émaillé de jargons contemporains, de termes étrangers et de parodies (vers néoclassiques, livrets d'opéra) : incroyable bricolage, « *olla podrida* », « pot-pourri » endiablé de registres hétérogènes produisant « ce ton inimitable » (Gilles de Van) né de leur choc, que soulignent ironie et humour.

En évolution constante, volontairement polysémique dans son lexique (*ventura* = « sort », « chance », « aventure », « bonheur », etc.) et sa syntaxe, d'une extrême variété — quand la langue d'Ungaretti est plutôt « linéaire » —, l'italien de Montale, coloré d'apports liguriens, toscans, puis milanais, vise au « mot juste » permettant souvent « l'économie de la métaphore » (Robert André) : riche et précis au point qu'on voudrait, tel un ordinateur, faire correspondre à chacun de ses termes un vocable français, ce qui, hélas, n'est pas toujours possible. En outre, ce langage « bigarré » peut inciter le traducteur à des acrobaties rarement heureuses. Voie périlleuse, que nous avions suivie du vivant de l'auteur : régulièrement consulté et rencontré (1962-1976), il avait souhaité une traduction recréant sa poésie (où rimes et rythmes, truqués à plaisir, tendent autant de pièges) et, pour sa seconde manière, un français littéraire rehaussant le niveau de son ton familier afin de restituer une sorte de saugrenu, à défaut d'atteindre au cocasse. Appréciées en Italie (prix Monselice 1977 et Eugenio-Montale 1988), ces versions qui, face au texte, se proposaient d'en transposer la subtile patine (première manière) ou le piquant moqueur (seconde manière), ne se justifient plus dans une publication unilingue.

Notre but est ici de rendre Montale mieux lisible, quitte à « le simplifier au risque de l'aplatir » (Jacques Nobécourt) : d'où « étoile de mer » pour « astérie », « roseaux » pour « cannaie », etc. Par souci d'homogénéité, nous avons dû éliminer mainte traduction élégante de Georges Brazzola, Louise Herlin, Philippe Jaccottet, Gennie Luccioni, Armand Robin, qu'on aura plaisir à lire dans les trois premiers tomes de la collection « Du Monde Entier » : nous tenons à leur rendre hommage, ainsi qu'à Pierre Jean Jouve qui s'essaya à traduire en partie *La bufera* et à tous les traducteurs dont les efforts ont honoré Montale. Il est légitime, vu sa stature, de « récrire Montale », comme Dante, indéfiniment.

Quant au contenu, ce volume offre la quasi-totalité des trois premiers recueils et, pour les quatre derniers, un choix représentatif des idées, de la vie et de la personnalité de Montale âgé tel que nous l'avons connu. On y retrouvera, entre autres, les pièces que citent Contini, l'*Interview* et l'excellente biographie du poète par Giulio Nascimbeni, outre celles qu'en Italie on nous a demandé d'inclure.

Le texte suivi est celui de l'édition Mondadori, revu à l'aide de l'édition critique publiée par Rosanna Bettarini et Contini chez Einaudi. En italien, nombre de poésies sont anépigraphes : nous les avons laissées sans titre, comme dans l'original. Les titres de certains poèmes, que Contini cite en italien dans sa préface, sont indiqués à côté des titres français dans la table des matières. Les mots étrangers de Montale sont en italique. Les notes se réduisent à l'indispensable : pour chaque pièce, on a tenté de préciser inspiratrice(s) et, dans la table des matières, date(s) de composition.

L'interprétation de cette œuvre difficile a été révisée grâce à l'essor des études montaliennes depuis 1965, qui n'a cessé de gagner en ampleur et en rigueur scientifique. Citons, brièvement, les ouvrages de Marco Forti pourvus d'une utile chronologie, le commentaire des *Motets* par Dante Isella, les *Concordanze* lexicales de Giuseppe Savoca ou le vocabulaire montalien établi par Giacomo Zazzaretta.

Nous remercions les auteurs de critiques, informations, remarques et suggestions : elles nous ont éclairé. Et, principalement, Marie-Hélène Angelini-Trevet, dont la compétence et la collaboration constante ont été précieuses.

Ce travail est dédié à
« la servante au grand cœur », Gina Tiossi.

P. D. A.,
Nice, décembre 1990.

I

Os de seiche

In limine

Réjouis-toi si le vent qui entre dans le verger
y ramène la vague de la vie :
ici où s'enfonce un mort
fouillis de souvenirs, n'était
pas un enclos, mais un reliquaire.

Le froissement d'ailes que tu entends n'est pas un vol,
mais émoi du giron éternel ;
vois que se transforme ce lopin
de terre, solitaire, en un creuset.

Un tourment est prisonnier de ce mur raide.
Si tu avances tu tombes
toi peut-être sur le fantôme qui te sauve :
ici s'apaisent les histoires, les actes
annulés pour le jeu du futur.

Cherche une maille rompue dans le filet
qui nous enserre, bondis, échappe !
Va, j'ai prié pour toi — maintenant la soif
me sera légère, moins âcre la rouille...

Mouvements

LES CITRONS

Écoute-moi : les poètes à lauriers
n'évoluent que parmi les plantes
au nom peu usité : buis troènes ou acanthes.
Pour moi, j'aime les routes qui mènent aux fossés
herbeux où dans les flaques
à moitié asséchées les gamins attrapent
quelque chétive anguille :
les sentiers qui longent les abrupts
descendent entre les touffes de roseaux
et donnent dans les enclos, parmi les citronniers.

Tant mieux si le tapage des oiseaux
s'éteint englouti par le ciel bleu :
plus clairement on écoute murmurer
les branches amies dans l'air qui bouge à peine
et on goûte cette odeur
qui ne sait pas se détacher de terre
et inonde le cœur d'une douceur inquiète.
Écartées d'ici, les passions

font par miracle taire leur guerre,
ici revient même à nous pauvres notre part de richesse
et c'est l'odeur des citrons.

Vois-tu, en ces silences où les choses
s'abandonnent et semblent près
de trahir leur ultime secret,
parfois on s'attend
à découvrir un défaut de la nature,
le point mort du monde, le chaînon qui ne tient pas,
le fil à démêler qui enfin nous conduise
au centre d'une vérité.
Le regard fouille tout autour,
l'esprit enquête accorde sépare
dans le parfum qui se répand
à mesure que le jour languit.
Ce sont les silences où l'on voit
en chaque ombre humaine qui s'éloigne
quelque Divinité qu'on dérange.

Mais l'illusion cesse et le temps nous ramène
dans les villes bruyantes où le bleu se montre
par pans, seulement, là-haut, entre les toits.
La pluie fatigue la terre, ensuite ; l'ennui
de l'hiver accable les maisons,
la lumière se fait avare — amère l'âme.
Quand un jour d'une porte cochère mal fermée
parmi les arbres d'une cour
se montre à nous le jaune des citrons ;
et le gel du cœur fond,
et en pleine poitrine nous déversent
leurs chansons
les trompettes d'or de la solarité.

COR ANGLAIS

Le vent qui ce soir joue attentif
— il rappelle un fracas de tôle —
sur l'instrument des arbres touffus et balaie
l'horizon de cuivre
où des raies de lumière s'étirent
comme des cerfs-volants au ciel qui résonne
(Nuées en voyage, clairs
royaumes d'en haut ! D'Eldorados perchés
portes mal fermées !)
et la mer qui, écaille par écaille,
livide, change de couleur,
lance à terre une trombe
de volutes écumeuses ;
le vent qui naît et meurt
dans l'heure qui descend noire
puisse-t-il aussi te jouer ce soir,
instrument désaccordé,
cœur.

FAUSSET

Esterina, tes vingt ans te menacent,
nuée gris-rose
qui peu à peu t'emprisonne.
Cela tu le sais et ne le redoutes pas.

Nous te verrons engloutie
dans la fumée que le vent
déchire ou condense, violent.
Puis du flot de cendre tu sortiras
bronzée plus que jamais,
pointant vers une aventure plus lointaine
ton visage tendu qui ressemble
à Diane l'archère.

Les vingt automnes montent,
des printemps envolés t'enveloppent ;
voici que résonne pour toi
un présage dans les sphères élyséennes.
Puisse-t-il ne pas t'offrir
un son de cruche fêlée
qu'on frappe ! je prie qu'il soit
pour toi concert ineffable
de sonnailles.

L'incertain lendemain ne t'effraie pas.
Avec grâce tu t'allonges
sur le rocher luisant de sel
et au soleil brûles tes membres.
Tu rappelles le lézard
immobile sur la pierre nue ;
toi, la jeunesse te guette,
lui, le collet d'herbe de l'enfant.
L'eau est la force qui te cuirasse,
dans l'eau tu te retrouves et te renouvelles :
nous te pensons comme une algue, un galet,
une créature marine
que le sel n'entame pas
mais qui revient au rivage plus pure.

Comme tu as raison ! Ne trouble pas
d'idées folles le présent souriant.
Ta gaieté engage déjà le futur
et un haussement d'épaules
démantèle les forts
de ton lendemain obscur.
Tu te lèves et t'avances sur la passerelle
étroite, au-dessus du gouffre hurlant :
ton profil se grave
sur un fond de perle.
Tu hésites au sommet de la planche tremblante,
tu ris, et comme enlevée par un vent,
tu t'abats dans les bras
de ton divin ami qui te saisit.

Nous te regardons, nous de la race
de qui demeure à terre.

MINSTRELS

d'après Debussy

Refrain, tu rebondis
entre les verrières moites de l'été.

Âcre nœud de notes étouffées,
rire qui n'éclate pas
mais brode les heures vides,
et que jouent trois fêtards attardés

vêtus de coupures de journaux,
sur des instruments jamais vus,
semblables à d'étranges entonnoirs
qui parfois se gonflent puis s'affaissent.

Musique silencieuse
qui monte des rues,
s'élève à grand-peine et retombe,
et se colore de teintes
tantôt écarlates tantôt blêmes,
et qui embue les yeux, si bien qu'on voit le monde
comme à travers des yeux mi-clos
nager en eau blonde.

Elle jaillit replonge se dissipe,
puis reparaît
étouffée, lointaine : se consume.
On l'entend à peine, on la hume.
Tu brûles
toi aussi entre les dalles de l'été,
cœur qui t'égares ! Et sur ta flûte maintenant
tu essaies des notes inconnues, imprudent.

Poésies pour Camillo Sbarbaro

2. ÉPIGRAMME

Sbarbaro, enfant inspiré, plie de multicolores
papiers, en tire de frêles bateaux qu'il confie à la vase
mouvante d'un ruisseau ; vois-les s'éloigner.
Sois prévoyant pour lui, aimable homme qui passes :
de ta canne rejoins la flottille délicate,
qu'elle ne se perde pas ; guide-la vers les cailloux d'un
[petit port.

Autres vers

VENT ET BANNIÈRES

La bouffée qui souleva l'amer arôme
de la mer vers les spirales des vallées,
et t'assaillit, bouleversant ta chevelure,
bref enchevêtrement sur le ciel pâle ;

la rafale qui colla ta robe
et te modula, rapide, à son image,
comme elle a su revenir en ton absence, à ces
pierres que tend le mont sur le gouffre ;

et comme, la fureur ivre retombée,
le jardin retrouve maintenant le faible souffle
qui te berça, renversée sur le hamac,
entre les arbres, dans tes envols sans ailes.

Hélas, jamais deux fois le temps
ne modèle ses grains de la même manière ! Et là
est le salut : autrement, avec la nature
notre fable brûlera en un éclair.

Jaillissement unique — à présent il avive
un groupe d'habitations étagées
au regard sur le flanc d'un versant,
en grand gala, en grand pavois.

Le monde existe... Une stupeur arrête
le cœur qui cède aux cauchemars errants,
messagers du soir, et ne croit pas
que les hommes affamés ont une fête.

Os de seiche

Ne nous demande pas le mot qui taille carré
notre esprit informe, et en lettres de feu
l'affirme et le fasse resplendir comme un crocus
perdu au milieu d'une pelouse poussiéreuse.

Ah l'homme qui s'en va d'un pas sûr,
ami des autres et de lui-même,
et n'a cure de son ombre que la canicule
imprime sur un mur décrépi !

N'exige pas de nous la formule qui puisse t'ouvrir des
[mondes,
mais quelque syllabe difforme, sèche comme une
[branche.
Aujourd'hui nous ne pouvons que te dire ceci :
ce que nous ne sommes *pas*, ce que nous ne voulons
[*pas*.

☆

À midi faire halte, pâle et pensif,
à l'ombre près d'un brûlant mur d'enclos,
écouter parmi les ronces et les broussailles
claquements de merles, bruissements de serpents.

Dans les craquelures du sol ou sur la vesce
épier les files de fourmis rouges
qui tour à tour se brisent et s'entrecroisent
au sommet de meules minuscules.

Observer dans le feuillage comme palpitent
au loin les écailles de mer
tandis que des pics chauves se lèvent
de tremblants craquètements de cigales.

Et, allant dans le soleil qui éblouit,
sentir, triste merveille,
combien toute la vie avec ses peines
est dans cette marche le long d'une muraille
qu'en haut hérissent des tessons de bouteille.

☆

Apporte-moi le tournesol, que je le transplante
dans mon terrain brûlé par l'air salin ;
et qu'il montre tout le jour aux miroirs bleus
du ciel l'anxiété de son visage jaune pâle.

Les choses obscures tendent à la clarté,
les corps s'épuisent en flux
de teintes : elles en musique. S'effacer
est donc le destin suprême.

Apporte-moi la plante qui nous mène
là où surgissent de blondes transparences
et s'évapore la vie telle une essence ;
apporte-moi le tournesol affolé de lumière.

☆

Souvent j'ai rencontré le mal de vivre :
c'était le ruisseau étranglé qui gargouille,
c'était la feuille qui se recroqueville,
desséchée, c'était le cheval terrassé.

Du bien je n'ai rien vu, hormis le prodige
que dévoile la divine Indifférence :
c'était la statue dans la somnolence
de midi, et le nuage, et le faucon très haut qui plane.

PORTOVENERE

Là surgit le Triton
des flots qui lèchent
les marches d'un temple

chrétien, et chaque heure à venir
est ancienne. Toute incertitude
se conduit par la main
comme une fillette amie.

Là nul qui se regarde
ou se tienne à l'écoute de soi.
Ici tu es aux sources
et décider n'a pas de sens :
tu repartiras plus tard
pour prendre un visage.

☆

Gloire du midi étale
quand aucune ombre ne vient des arbres
et que de plus en plus se montrent alentour
fauves les apparences, par excès de lumière.

Le soleil, en haut — et une grève aride.
Mon jour n'est donc pas fini :
l'heure la plus belle est au-delà du muret
qui enferme dans un crépuscule pâli.

Dans l'air, la sécheresse ; un martin-pêcheur
voltige sur un débris de vie.
La bonne pluie est au-delà de la désolation,
mais attendre est une joie plus accomplie.

☆

Bonheur atteint, par toi
on marche sur le fil d'une lame.
Aux yeux tu es lueur qui vacille,
au pied, étendue de glace qui se fêle ;
qui t'aime le plus ne te touche donc pas.

Si tu surviens dans les âmes envahies
de tristesse et les éclaires, ton matin
est doux et troublant comme les nids sous les toits.
Mais rien ne rachète les pleurs de l'enfant
dont entre les maisons le ballon s'envole.

☆

Les roseaux repointent leurs aigrettes
vers le ciel serein que rien ne voile :
l'enclos assoiffé hérisse ses branchettes
hors des clôtures, dans la chaleur sans faille.

Vide, une heure d'attente monte au ciel
de la mer qui grisaille.
Sur l'eau un arbre de nuages
croît, puis s'écroule comme de cendre chaude.

Absente, combien tu manques en cette contrée
qui te pressent et sans toi consume :

tu es lointaine, c'est pourquoi tout s'évade
de son sillon, s'éboule, s'efface en brume.

☆

Peut-être, un matin, allant dans un air de verre,
sec, en me retournant verrai-je s'accomplir le miracle :
le néant dans mon dos, le vide derrière
moi, avec une terreur d'ivrogne.

Puis, comme sur un écran, se camperont d'un jet
arbres maisons collines pour l'illusion habituelle.
Mais il sera trop tard ; et je m'en irai muet
parmi les hommes qui ne se retournent pas, avec mon
[secret.

☆

Valmorbia dont parcouraient le fond
des nuées de plantes fleuries aux brises.
En nous, jouets du hasard aveugle, naissait
l'oubli du monde.

Les tirs se taisaient, dans son lit solitaire
on n'entendait que le Leno rauque.
On voyait éclore une fusée sur sa tige, faiblement
elle larmoyait dans l'air.

Les nuits claires étaient toutes une aube
et amenaient des renards à ma grotte.

Valmorbia, un nom — et maintenant dans la mémoire
qui s'estompe, terre où la nuit ne tombe pas.

☆

La poulie du puits grince,
l'eau monte à la lumière où elle se fond.
Un souvenir tremble dans le seau plein,
dans le cercle pur une image rit.
J'approche le visage de lèvres évanescentes :
le passé se déforme, se fait vieux,
appartient à un autre…
                                        Ah déjà crie
la roue, elle te rend au fond noir,
vision, une distance nous sépare.

☆

Huppe, joyeux oiseau calomnié
par les poètes, qui roules ta crête
sur l'aérien perchoir du poulailler
et, feignant d'être un coq, tournes au vent ;
messager printanier, huppe, comme
grâce à toi le temps s'arrête,
février ne meurt plus,
comme tout se penche dehors
au mouvement de ta tête,
farfadet ailé, et toi tu l'ignores.

Flot méditerranéen

Ancien, je suis enivré de la voix
que soufflent tes bouches quand elles s'entrouvrent
comme de vertes cloches, se rejettent
en arrière et se dissolvent.
La maison de mes étés lointains
t'était proche, tu le sais,
là au pays du soleil cuisant,
dont troublent l'air des nuées de moustiques.
Comme alors aujourd'hui en ta présence je deviens [pierre,
flot marin, mais je ne me crois plus
dignes des leçons solennelles
de ton souffle. Tu m'as dit le premier
que la frêle effervescence
de mon cœur n'était qu'un moment
de la tienne ; que j'avais en moi
ta loi aventureuse : être vaste et divers
et en même temps fixe :
et me vider ainsi de toute souillure
comme toi qui rabats sur les rives
parmi bouchons algues étoiles de mer
les inutiles décombres de ton abîme.

☆

En descendant quelquefois
les escarpements secs désormais
séparés de l'automne
riche en sève qui les gonflait,
je n'avais plus dans le cœur la roue
des saisons et le goutte à goutte
du temps inexorable ;
mais c'était le pressentiment
de toi qui emplissait mon âme,
surpris dans le halètement
de l'air auparavant inerte
sur les roches au bord du chemin.
Là, je m'en avisais, la pierre
voulait s'arracher, penchée
vers une étreinte invisible ;
la dure matière pressentait
le gouffre proche, et palpitait ;
et les touffes de roseaux avides
disaient aux eaux cachées,
en s'agitant, un consentement.
Tu rachetais, vaste étendue,
même la souffrance des cailloux :
pour ton allégresse était juste
l'immobilité du fini.
Je descendais dans la pierraille,
des bouffées saumâtres parvenaient
à mon cœur ; la frange
de la mer n'était qu'un jeu de boucles.

C'est avec cette joie que fuse
du fond du ravin vers la plage
le vanneau égaré.

☆

J'ai fait halte parfois dans les grottes
qui t'assistent, vastes
ou étroites, ombreuses et amères.
Vues du fond les ouvertures
marquaient de puissantes
architectures sur champ de ciel.
Surgissaient de ton sein
grondant temples aériens,
flèches décoche-lumières ;
une cité de verre dans le bleu net
peu à peu se dégageait de tous les voiles caducs
et son grondement n'était qu'un murmure.
Du flot naissait la patrie rêvée.
Du tumulte émergeait l'évidence.
L'exilé regagnait son pays intact.
Ainsi, père, de ton déchaînement
s'affirme, si on te regarde, une loi sévère.
Et la fuir est vain : je suis condamné,
si je le tente, même par un galet
usé sur mon chemin,
souffrance anonyme de pierre,
ou par l'épave informe
qu'a rejetée de son cours le torrent
de la vie en un fouillis de branchages et de ronces.

Dans le destin qui se prépare
peut-être y a-t-il pour moi une halte,
jamais aucune autre menace :
ce que répète le flot dans sa fureur inapaisée,
ce que redit le fil de la bonace.

☆

Parfois, soudaine, arrive
l'heure où ton cœur inhumain
nous effraie et se sépare du nôtre.
Ta musique discorde de la mienne,
alors, chacun de tes mouvements m'est ennemi.
Je me replie en moi, vide
de forces, ta voix paraît sourde.
Je fixe la pierraille
qui descend vers toi par degrés
jusqu'à la rive en pente qui te surplombe,
friable, jaune, ravinée
de ruisseaux d'eau de pluie.
Ma vie est ce versant sec,
moyen non fin, route ouverte aux rigoles
qui s'y jettent, lent éboulement.
C'est bien elle, encore, la plante
qui naît de la dévastation,
la face battue par la mer, suspendue
parmi les forces erratiques des vents.
Cette parcelle de sol sans herbe
s'est fendue pour que puisse naître une marguerite.
En elle je titube vers la mer qui me fouette,
dans ma vie le silence manque encore.

Je regarde la mer qui scintille,
l'air s'obscurcit tant il est pur.
Et ce qui lève en moi
c'est la rancœur peut-être
que, flot marin, tout fils a pour son père.

☆

Non, nous ne savons pas quel lendemain
nous tirerons au sort, sombre ou joyeux ;
peut-être notre chemin
nous mènera-t-il à d'intactes clairières
où murmure éternelle l'eau de jouvence ;
ou ce sera peut-être une descente
jusqu'à la fosse extrême,
dans la nuit, tout souvenir du matin évanoui.
Des terres étrangères, encore,
nous accueilleront peut-être : nous perdrons
la mémoire du soleil, de notre esprit
tombera le tintement des rimes.
Oh, la fable qui exprime
notre vie, soudain
se changera en sombre histoire qui ne se raconte pas !
Pourtant d'une chose tu nous assures,
père, celle-ci : qu'un peu de tes dons
est passé pour toujours dans les syllabes
que nous emportons, abeilles bourdonnantes.
Nous partirons loin, conservant un écho
de ta voix, comme se souvient
du soleil l'herbe grise

dans les cours assombries, entre les maisons.
Et un jour ces paroles muettes
qu'avec toi nous avions nourries
de lassitudes et de silences,
sembleront à un cœur fraternel
toutes savoureuses de sel grec.

☆

J'aurais voulu me sentir épuré, essentiel,
comme les galets que tu roules,
mangés par le sel ;
éclat hors du temps, témoin
d'une volonté froide qui ne passe pas.
Je fus autre : homme attentif qui regarde
en lui-même, en autrui, l'effervescence
de la vie fugace — homme qui tarde
à l'acte, que nul, ensuite, ne détruit.
J'ai voulu chercher le mal
qui ronge le monde, la menue torsion
d'un levier qui bloque
le mécanisme universel ; et j'ai vu tous ensemble
les événements de la minute
comme prêts à se disjoindre dans une secousse.
Ayant suivi le sillon d'un sentier mon cœur
a ressenti l'attrait du sentier opposé ; peut-être
aurais-je eu besoin du couteau qui tranche,
de l'esprit qui décide et se détermine.
C'est d'autres livres que j'aurais eu
besoin, non de ta page grondante.

Mais je ne sais rien regretter : toi, dénoue
encore de ton chant les conflits intimes.
Désormais ton délire monte aux astres.

☆

Dissipe si tu le veux
cette vie frêle qui se plaint,
comme fait l'éponge du trait
éphémère sur l'ardoise.
Je m'attends à revenir dans ton cercle,
que mon passage dévié s'achève.
Ma venue était témoignage
d'un ordre qu'en voyage j'ai oublié,
mes paroles jurent fidélité
à un événement impossible, qu'elles ignorent.
Mais chaque fois que j'ai perçu
ton doux ressac sur les rives
un trouble m'a saisi
comme l'infirme de mémoire
lorsqu'il se ressouvient de son pays.
Ayant pris ma leçon,
plus que de ta gloire
éclatante, du halètement
presque muet
de l'un de tes midis désolés,
je me rends à toi en toute humilité. Je ne suis
que l'étincelle d'un tison. Oui je le sais : brûler,
c'est cela, et rien d'autre, mon sens.

Midis et ombres

I

FIN DE L'ENFANCE

En grondant s'engouffrait
dans la rive courbe
une mer palpitante, barrée de sillons,
crépue, floconneuse d'écume.
Face à l'embouchure
d'un torrent débordant
le flot jaunissait.
Au large viraient des algues enchevêtrées
et des troncs d'arbre à la dérive.

Dans la baie hospitalière
de la plage,
seules quelques maisons
de briques anciennes, écarlates,
et les chevelures rares
des tamaris plus pâles
d'heure en heure ; créatures souffreteuses
perdues dans l'effroi des visions.
Ce n'était pas chose légère

à regarder pour qui lisait dans ces
apparences suspectes
la musique de l'âme inquiète
qui ne se décide pas.

De limpides collines encerclaient tout autour
rivage et maisons ; revêtues d'oliviers
disséminés comme des troupeaux
ou ténus comme la fumée d'un hameau
faisant voile
sur la face blanchoyante du ciel.
Entre taches de vignes et de pinèdes
se montrait la pierraille
nue et l'échine bossuée
de coteaux : quand un homme
passait là, tout droit sur un mulet,
dans le ciel bleu lavé il était imprimé
pour toujours — et dans le souvenir.

On n'allait guère au-delà des crêtes toutes proches
de ces monts ; même ma mémoire lasse
n'ose les franchir.
Je sais que des routes couraient au-dessus de fossés
encaissés, entre des ronces inextricables ;
menant à des clairières, puis entre des ravins,
elles s'éloignaient encore
vers des recoins moites de moisissures,
couverts d'ombres et de silences.
Il en est un auquel je repense émerveillé,
où tout élan humain
apparaît enseveli
dans une brise millénaire.

Rarement pénètre un souffle de vent
jusqu'à ce coin de monde qui en reste stupéfait.

Mais des chemins de la montagne on revenait.
Ils donnaient, eux, sur une instable
succession d'aspects inconnus
mais le rythme qui les gouverne nous échappait.
Chaque minute brûlait
dans les instants futurs sans laisser trace.
Vivre était aventure trop neuve,
heure par heure, et le cœur en battait.
Il n'y avait ni règle
ni sillon fixe ni point de comparaison
pour distinguer joie et tristesse.
Mais au retour par les sentiers
vers la maison sur la mer, vers l'asile clos
de notre enfance ébahie,
rapide répondait
à chaque mouvement de l'âme un accord
extérieur : les choses se revêtaient
de noms, notre monde avait un centre.

Nous étions à l'âge virginal
où les nuées ne sont ni chiffres ni sigles
mais de belles sœurs qu'on regarde voyager.
Issue d'une autre semence,
nourrie d'une autre sève
que la nôtre, bien faible, nous semblait la nature.
En elle l'asile, en elle
le regard extasié ; elle, le prodige
que ne rêvait pas, ou guère, d'atteindre
notre âme pleine de confusion.
Nous étions dans un âge d'illusions.

S'envolèrent des années courtes comme des jours,
toute certitude s'engloutit dans une mer florissante
et vorace qui désormais donnait leur aspect
incertain aux tamaris tremblants.
Une aube dut surgir qu'un rai
de lumière sur le seuil
luisant nous annonçait comme une ondée ;
et certes nous courûmes
ouvrir la porte
grinçant sur le gravier du jardin.
L'illusion fut manifeste.
De lourds nuages, sur la mer trouble
bouillonnant d'embruns, aussitôt se montrèrent.
Dans l'air était l'attente
d'un événement impétueux.
Elle s'éloigne aussi, la contrée
de l'enfance qui explore
une cour choisie comme un monde !
Pour nous aussi venait l'heure des enquêtes.
L'enfance était morte dans une ronde.

Ah jouer aux cannibales dans les roseaux,
avoir des moustaches de palme, ramasser,
quel délice, les douilles tirées !
Il s'envolait, le bel âge, comme les petits bateaux au ras
de la mer, à toutes voiles.
Certes nous regardions muets dans l'attente
de la minute violente ;
puis dans le calme feint
sur l'eau qui se creusait
dut se lever un vent.

L'AGAVE SUR LE ROC

Tramontane

Et voilà disparus les cercles d'anxiété
qui parcouraient le lac du cœur, (Dante)
et ce vaste grésillement de la matière
qui pâlit et meurt.
Aujourd'hui une volonté de fer balaie l'espace,
arrache les arbustes, torture les palmiers
et dans la mer oppressée creuse
de grands sillons à la crête baveuse.
Toute forme se démène dans le chaos
des éléments ; c'est un seul hurlement, un mugisse-
[ment
d'existences déchirées ; tout est brisé
par l'heure qui passe : traversent la coupole du ciel
feuilles, oiseaux, on ne sait — ils s'effacent.
Et toi qui tout entière te secoues dans le bruit sourd
des vents déchaînés
et serres sur toi tes bras gonflés
de fleurs encore à naître ;
comme tu sens hostiles
les esprits qui volent en essaims
sur la terre convulsée,
ma vie frêle, et comme tu aimes
aujourd'hui tes racines.

FLUX

Les enfants de leurs petits arcs
effraient les roitelets dans les cachettes.
L'azur paresseux s'écoule dans le ruisseau
qu'effleure l'indolence,
répit qu'accordent les astres aux fragiles
voyageurs des blanches routes.
Bien haut tremblent les flèches des sureaux,
surplombant le tertre
que domine une statue de l'Été
rendue camuse par des lapidations ;
et sur elle croissent une foison rousse
de plantes grimpantes et un vrombissement de bour-
[dons.
Mais la déesse mutilée ne se montre pas
et toute chose se penche vers la flottille
de papier qui descend lentement le ravin.
Une flèche brille en l'air,
se fiche dans un pieu, oscille tremblante.
La vie est ce gâchis
de faits banals, vain
plus que cruel.
Elles reviennent,
les tribus d'enfants avec des frondes :
qu'il se soit écoulé une saison ou une minute,
ils découvrent inchangés les aspects morts
bien que tout soit en ruines
et qu'à son rameau ne pende plus
le fruit connu.

— Les enfants sont revenus... ; ainsi, un jour,
la ronde qui gouverne
notre vie nous ramènera le passé
lointain, brisé mais bien vivant, imprimé
sur des tentures immobiles
par une lanterne inconnue. —
Et encore s'étend
un dôme bleu ciel estompé
sur le fossé qui bouillonne dru :
mais seule la statue
sait que le temps s'accélère et se niche
dans le lierre ardent toujours plus.
Et tout roule sur la grande pente
et la rigole impétueuse clapote tant
que ses flaques se rident :
les menus chébecs font naufrage
dans les remous d'un peu d'eau savonneuse.
Adieu ! — sifflent les pierres dans le feuillage,
la bourrasque rapace est déjà loin,
une heure descend, qui brouille à nouveau ses
[visages —
et la vie est cruelle plus que vaine.

II

ARSENIO

Les rafales soulèvent la poussière
sur les toits, en tourbillons, et sur les places
désertes où les chevaux encapuchonnés
flairent la terre, immobiles devant
les vitres miroitantes des hôtels.
Tu descends le cours, face à la mer,
en ce jour
tantôt pluvieux tantôt brillant où éclate,
dévastant la trame
serrée des heures monotones, comme un refrain
de castagnettes.

Signe d'une autre orbite : suis-le.
Descends vers l'horizon que domine
une trombe de plomb, haute sur les remous
et plus qu'eux vagabonde : ouragan salin
qui tournoie, soufflé jusqu'aux nuées
par l'élément rebelle ; que ton pas
crisse sur les cailloux et s'empêtre
dans un fouillis d'algues : c'est l'instant
peut-être, très attendu, qui te dispense
de finir ton voyage, maillon d'une

chaîne, marche sur place, délire
trop connu, Arsenio, d'immobilité.

Écoute dans les palmiers les traits frissonnants
des violons s'éteindre quand roule
le tonnerre comme une tôle frappée
vibre ; la tempête est douce lorsque
jaillit blanche l'étoile Canicule
dans le bleu du ciel et que paraît lointain le soir
tout proche : si l'éclair l'entaille
il se ramifie comme un arbre précieux
dans la lumière qui rosit : et timbale
de tsiganes est le grondement muet.

Descends parmi ces ténèbres qui tombent
et changent midi en une nuit
de globes de feu, oscillant sur la rive —
et plus loin où une même ombre retient
mer et ciel, l'acétylène palpite
sur les barques éparses —
jusqu'à ce que frémissant
le ciel s'égoutte, le sol fume et s'abreuve,
tout clapote près de toi, les tentes détrempées
claquent, un bruissement immense rase
la terre et dans les rues s'affaissent
en grinçant les lanternes de papier.

Ainsi égaré parmi sièges d'osier et stores
ruisselants, jonc qui traînes avec toi tes racines
visqueuses, jamais arrachées,
tu trembles de vie et te penches
vers un vide résonnant de plaintes
étouffées, la crête de la vague ancienne

qui te roule te réengloutit ; et encore
tout ce qui te reprend, rue arcades
murs miroirs, te fige en une seule
multitude glacée de morts,
et si un geste te frôle, si une parole
tombe près de toi, c'est peut-être, Arsenio,
dans l'heure qui se dissout, l'appel d'une
vie étranglée surgie pour toi, et le vent
l'emporte avec la cendre des astres.

III

CHRYSALIDE

L'arbre vert sombre
se strie de jaune tendre et s'entartre.
Dans l'air vibre une pitié pour les racines
avides, pour les écorces tuméfiées.
Vôtres sont ces plantes
éparses qui se rénovent
au souffle d'avril, humides et heureuses.
Pour moi qui vous contemple de cette ombre
reverdit un autre buisson : vous êtes.

Chaque instant vous apporte de nouveaux feuillages
et son émoi excède toute autre
joie fugace ; en vagues impétueuses

la vie parvient jusqu'à ce recoin de l'enclos.
Votre regard tombe à présent sur le sol ;
un ressac de souvenirs atteint
votre cœur, le submerge presque.
Au loin retentit un cri : le temps
se hâte, disparaît en remous rapides
entre les pierres, toute mémoire abolie ; et moi,
de mon coin sombre je m'offre
à votre solaire événement.

Vous ne songez pas à ce que vous dérobait
comme aujourd'hui, alors, le compagnon muet
qu'un midi lointain vous amenait.
C'est vous ma proie, vous à qui je dois
une heure brève de frisson humain.
Je ne voudrais pas en perdre un seul instant :
telle est ma part, toute autre est vaine.
Ma richesse est cette secousse
qui vous traverse et vous force à lever
le visage ; ce cercle lent
du regard qui désormais sait voir.

Ainsi s'en va la certitude d'un moment
dans un claquement de tentes et d'arbres
entre les maisons ; mais sans dissoudre l'ombre
qui vous réclame, opaque. Vous m'apparaissez
alors, comme moi, dans le limbe morne
des existences mutilées ; et même votre
renaissance est un secret stérile,
un prodige manqué comme tous
ceux qui fleurissent à nos côtés.

Et le flot qu'on découvre au-delà des grilles,
comme il nous parle parfois de salut !
comme l'illusion agile peut surgir
puis, fumée, s'évanouir !
Ses volutes s'en vont sur la mer et se fondent
à l'horizon en forme de goélettes.
L'une d'elles s'envole sans vrombir,
alcyon fugitif sur les eaux plombées
qu'il rase. Le soleil plonge dans les nuages,
une heure de fièvre se conclut, anxieuse.
Silencieux, un fier halètement
nous prend à la gorge : dans le midi accablant
pointe la barque de salut, la voilà :
regarde-la clapoter entre les bancs de sable ;
un esquif en sort, qui se tourne
vers les brisants dociles — et nous y attend.

Ah, chrysalide, comme est amère cette
torture sans nom qui nous roule
et nous entraîne au loin — ensuite ne restent
même plus nos traces dans la poussière ;
et nous avancerons sans ébranler
un seul bloc de la grande muraille ;
et peut-être tout est-il fixé, écrit,
et ne verrons-nous pas surgir en chemin
la liberté, le miracle,
le fait qui n'était en rien nécessaire !

Dans la vague et le ciel bleu, pas un sillage.
Voici changés les signes de la rive
qui était ramassée comme un doux giron.
Le silence nous enferme sous sa chape,
les lèvres ne s'ouvrent pas pour dire

le pacte que je voudrais
conclure avec le destin : expier
votre joie par ma condamnation.
C'est le vœu qui naît encore en moi,
puis cessera tout mouvement. Je pense alors
aux offrandes muettes qui soutiennent
les maisons des humains ; au cœur qui abdique
pour que puisse rire un enfant inconscient ;
au coup qui tranche net, au foyer
mourant que ranime
une brindille sèche qui brûle en tremblant.

LA MAISON SUR LA MER

Le voyage prend fin ici :
dans les soucis mesquins qui divisent
l'âme qui ne sait plus émettre un cri.
À présent les minutes sont égales et fixes
comme les tours de roue de la pompe.
Un tour : une montée d'eau qui résonne.
Un autre, nouvelle eau, parfois un grincement.

Le voyage prend fin sur cette plage
que harcèlent les flots patients.
Rien ne dévoile, sinon des fumées paresseuses,
le rivage que tissent de conques
les vents bénins : et rarement se montre
dans la bonace muette
entre les îles d'air migratrices
la Capraia, ou la Corse échineuse.

Tu demandes si tout s'évanouit ainsi
dans cette mince brume de souvenirs ;
si dans l'heure qui somnole ou si dans le soupir
du récif s'accomplit tout destin.
Je voudrais te dire non, et qu'approche
l'heure où tu passeras au-delà du temps ;
peut-être seul qui le veut s'infinise,
et cela tu le pourras, qui sait ? moi non.
Pour la plupart, je pense, il n'y a pas de salut,
mais certains bouleversent tout dessein,
franchissent la passe, se retrouvent tels qu'ils ont [voulu.
Avant de renoncer je voudrais t'indiquer
cette voie d'évasion
fugace comme dans les champs houleux
de la mer l'écume ou la ride.
Je te donne aussi mon avare espérance.
Pour des jours neufs, trop las, je ne sais plus la [nourrir ;
je l'offre en gage à ton sort : qu'il te sauve.

Le chemin prend fin sur ces rives
que ronge la marée d'un mouvement alterné.
Ton cœur proche qui ne m'entend pas
lève l'ancre déjà peut-être pour l'éternité.

LES MORTS

La mer se brisant sur la rive
qui se dresse soulève un tourbillon d'écume
que l'étendue résorbe. C'est là
que nous jetions un jour sur la côte minérale,
plus haletante que le flot, notre
espérance ! — et le gouffre stérile verdoie
comme aux jours qui nous virent vivants.

À l'heure où l'aquilon aplanit les remous troubles
des courants salins et les ramène
où ils ont surgi, non loin certains accrochent
aux branches taillies des filets s'allongeant
sur le chemin qui descend
au-delà du regard ;
filets déteints que sèche le contact indolent
et froid de la lumière ; et, dense au-dessus d'eux,
le cristal du ciel bleu papillote
et tombe dans l'arc d'un horizon
fouetté.
                Plus qu'une algue entraînée
dans le bouillonnement qui se découvre à nous, notre
[vie
est mue par une semblable inertie : tournoie
en nous tout ce qui, résigné à ses confins
s'est arrêté un jour ; entre les fils qui relient
une branche à l'autre se débat le cœur
comme dans la mer

le trigle qui s'échoue parmi les mailles ;
et, immobiles, errants, nous retient
une fixité glacée.
Ainsi
aux morts aussi nul repos n'est permis peut-être
dans la glèbe : une force les y arrache,
plus impitoyable que la vie, et tout autour,
fantômes que poignent les souvenirs humains,
les roule jusqu'à ces plages, souffles
sans matière ni voix
trahis par les ténèbres ; leurs envols
mutilés nous effleurent, à présent,
à peine séparés de nous, et dans le crible
de la mer s'engloutissent...

DELTA

La vie qui se rompt dans les transfusions
secrètes, je l'ai liée à toi :
celle qui se débat en soi et semble presque
t'ignorer, présence étouffée.

Lorsque le temps s'engorge entre ses digues
tu accordes ton histoire à la sienne, immense,
et affleures, souvenir, plus évident,
de la région obscure où tu descendais,
comme à présent, après l'averse, se recondense
le vert sur les branches, aux murs le vermillon.

De toi je ne sais rien, hormis le message
muet qui me soutient sur la route :

si, forme, tu existes ou si, chimère dans la fumée
d'un rêve, t'alimente
le torrent qui s'enfièvre, se trouble et gronde
face à la marée.

Rien de toi, quand vacillent les heures
grises ou déchirées par un éclair de soufre,
hormis le sifflement du remorqueur
sorti des brumes pour aborder au golfe.

RENCONTRE

Toi ma tristesse ne m'abandonne pas
sur la route
que fouette le vent du large
de ses rafales chaudes — il s'efface ; tristesse
chère au souffle qui s'épuise ; et poussées
par lui sur la rade
où les dernières voix du jour s'exhalent
une brume voyage, très haut se courbe une aile
de cormoran.

L'embouchure du torrent, tout contre : stérile
d'eaux, fertile en pierres et en gravats ;
mais surtout s'y jettent des actes humains consumés,
des vies pâlies s'évanouissant
au-delà des confins
qui nous encerclent : visages émaciés,
mains décharnées, chevaux en file, roues
grinçantes : non pas des vies, des végétations
de l'autre mer qui domine le flot.

On va sur la chaussée de boue
figée sans un écart,
comme des encagoulés de procession,
sous la voûte effondrée descendue
refléter presque les vitrines,
dans un air épais qui enveloppe nos pas
et rend les fluctuantes sargasses
humaines pareilles aux rideaux
de bambous murmurants.

Si toi aussi me quittes, tristesse, seul
présage vivant dans ce tourbillon, je sens
se diffuser autour de moi
comme un bourdonnement d'aiguilles quand une
[heure
va sonner ;
et je tombe inerte dans l'attente indifférente
de qui ne sait pas craindre
sur cette rive qu'a surprise la mer
lente, qui n'apparaît pas.

Peut-être reprendrai-je un aspect : dans la lumière
rasante des pas me conduisent
près d'une pauvre plante qui pousse
dans un pot sur une porte d'auberge.
Vers elle je tends la main, et sens une autre vie
se faire mienne, envahi par une forme
qu'on m'avait ôtée ; et comme des anneaux
s'enroulent à mes doigts non des feuilles,
mais des cheveux.

Plus rien ensuite. Engloutie ! tu disparais
telle que tu es venue, je ne sais rien de toi.
Ta vie t'appartient encore : déjà dispersée
dans le jour parmi les éclairs rares. Prie pour moi,
alors, que je descende un chemin autre
qu'une rue de ville,
dans l'air ténébreux, face au fourmillement
des vivants ; que je te sente à mes côtés ; que je
descende sans lâcheté.

Rivages

Rivages,
quelques lames épineuses d'agave suffisent,
accrochées à un abrupt
sur le délire de la mer ;
ou deux camélias pâles
dans les jardins déserts,
et un eucalyptus blond qui plonge
parmi froissements d'ailes et vols fous
dans la lumière ;
et voici qu'en un clin d'œil
d'invisibles fils s'enroulent en serpents
sur moi, papillon pris dans une toile d'araignée
de frémissements d'oliviers, de regards de tournesols.

Douce captivité, aujourd'hui, rivages,
pour qui s'abandonne un peu
comme à revivre un jeu ancien
jamais oublié.
Je me remémore l'âcre philtre que vous tendiez
au désarroi de l'adolescent, rives :
dans les clairs matins se fondaient
échines de collines et ciel ; sur le sable

des plages c'était un remous ample, un même
frémissement de vies,
un monde en fièvre ; et toute chose
semblait se consumer en elle-même.

Oh, alors, ballotté
comme l'os de seiche par les vagues,
s'effacer peu à peu ;
devenir
arbre rugueux ou pierre
polie par la mer ; se fondre dans les couleurs
des soleils couchants ; disparaître chair
pour rejaillir source ivre de soleil,
dévorée de soleil...
Tels étaient,
rivages, les vœux de l'enfant d'autrefois
qui près d'une balustrade rongée
lentement mourait en souriant.

Combien, marines, vos lumières froides
parlent à qui vous fuyait déchiré.
Lames d'eau s'ouvrant des passages
dans les branchages mouvants ; roches brunes
dans les embruns ; martinets vagabonds
qui fusent...
Oui, j'avais pu
vous croire un jour, terres,
beautés funéraires, cadres dorés
entourant l'agonie de tout être.
Aujourd'hui je reviens
à vous plus fort, ou est-ce illusion, bien que le cœur
semble fondre en souvenirs heureux — et atroces.
Triste âme du passé,

et toi, volonté neuve qui m'appelles,
il est temps peut-être de vous réunir
dans un port serein de sagesse...
Et un jour ce sera encore l'appel
de voix d'or, de mirages audacieux,
mon âme désormais indivise. Pense donc :
changer en hymne l'élégie ; se refaire ;
ne plus faillir.
Pouvoir,
semblable à ces branches
hier décharnées et nues, aujourd'hui pleines
de frémissements et de sèves,
percevoir
demain, nous aussi, dans les parfums et les vents,
un nouvel afflux de rêves, une folle
poussée de voix vers une issue ; et dans le soleil
qui vous assaille, rivages,
refleurir !

II

Les occasions

à I. B.

LE BALCON

Il semblait jeu facile
de changer en néant l'espace
qui m'était ouvert, en morne
incertitude ta certitude de feu.

À présent j'ai lié à ce vide
chacun de mes motifs récents,
sur le néant ardu s'émousse
l'anxiété de t'attendre vivant.

La vie qui émet des lueurs
est la seule que toi tu perçois.
Vers elle tu te penches à cette
fenêtre qui ne s'éclaire pas.

I

VERS ANCIENS

Je me rappelle le papillon entré
par les vitres entrouvertes dans le soir qui fumait
sur la côte blottie, délavée
par le vol houleux de l'écume.
Il agitait l'air tout entier du crépuscule, à ce léger
papillotement, au couchant, de la trace
qui sépare eau et terre ; et le point atone
du phare clignotant sur la roche
du Tino, bleu ciel, trois fois
se dilata et s'éteignit en un autre or.

Ma mère était à mes côtés, assise
près de la table encombrée de cartes
à jouer coupées et dressées deux à deux comme
des tentes naines pour les soldats de ses petits-enfants
qu'avait déjà dispersés le sommeil.
De son clou, là-haut, se détachait,
impétueuse, une tornade glaciale, déluge
sur Corniglia, nid de rouille.

Puis le noir fut compact, et de la mer venait
un grondement bas et constant comme un long
concert bien réglé ; sa pâleur ondulante
gonflait derrière la haie taillée
de pitosphores. Par l'étroite
embrasure de ma chambre, où la lampe
tremblait au-dedans d'un fuchsia élimé,
le papillon entra, parvint
à l'abat-jour : la verroterie qui l'entourait,
marquant le mur de reflets d'ombre
réguliers comme des frises, fut bouleversée
et sur le pâle crépi courut,
automatique, un faisceau de fils grêles.

C'était un insecte horrible au bec
pointu, les yeux comme entourés
d'une rougeâtre photosphère, et sur le dos un crâne
humain ; tout autour, si une main
tentait de le saisir, il émettait, glaçant,
un âcre sifflement.

Il heurta plusieurs fois sourdement la table
et les vitres aussi, refermées par le vent,
puis retrouva seul le chemin de l'air libre
et se perdit dans les ténèbres. Du port
de Vernazza, par instants, les lumières
s'effaçaient dans les vagues montantes
invisibles au cœur de la nuit.

Puis le papillon revint dans la coiffe
qui emprisonnait la lampe, il descendit
sur les journaux de la table, secoua

follement de ses ailes les cartes —
et il fut pour
[toujours
uni aux choses qui enferment dans un cercle
sûr comme le jour ; la mémoire
les nourrit en elle, seules vivantes
d'une vie qui a disparu sous terre : tout comme
les visages familiers qu'aujourd'hui disperse
non plus le sommeil mais l'autre grisaille ; avec
les vieux murs, les plages, la tartane
qui embarquait
des troncs de pin, chaque mois, sur la rive,
et la trace du torrent qui descend
vers la mer, sans trêve, sur son chemin qu'il creuse.

BUFFALO

Un doux enfer amassait en rafales
dans cette anse résonnant de haut-parleurs
des foules multicolores. À flots les autocars
se vidaient dans le soir.
Une chaleur enfumée s'exhalait
sur la fosse grouillante ; en bas un arc
étincelant paraissait ruisseler
et la foule était prête à prendre passage. Un Noir
somnolait dans le rayon de lumière
qui fendait l'ombre ; à une tribune,
joyeuses et moites, des femmes attendaient
l'accostage d'un bac. Je pensai :

Buffalo ! — et le nom agit.
Je sombrais
dans ce limbe où les voix du sang
assourdissent, où les zigzags enflamment la vue
comme fusant de miroirs.
Des claquements, et tout autour je vis,
courbés, des dos zébrés, tourbillon
sur la piste.

KEEPSAKE

Fanfan revient vainqueur ; Molly
se vend aux enchères ; un réflecteur grésille.
Surcouf parcourt à grands pas la dunette,
Gaspard compte les sous dans sa cachette.
Dans l'après-midi limpide est descendue
la neige, la Cigale regagne son nid.
Fatinitza agonise dans un coin
de mémoire, de Tonio ne reste qu'un cri.
Faux Espagnols, voici jouer au couvent
les Brigands : mais retentit dans une poche
le réveil d'épouvante.
Le Marquis du Grillon est rendu
à la rue ; Zéphyrin l'infortuné
se retrouve employé ; l'Apothicaire se lève
et les foudroyants tirent sur le plancher.
Les Mousquetaires sortent du couvent,
Van Schlisch chevauche, Takimini
s'évente, le ressort de la Poupée est remonté.
(Imary regagne ses appartements.)

Larivaudière, magnétique, Pitou,
gisent en travers. Vendredi
rêve d'îles vertes et ne danse plus.

LINDAU

L'hirondelle y apporte
des brins d'herbe, elle ne veut pas que la vie cesse.
Mais entre les digues, la nuit, l'eau morte
use les galets.
Sous les torches fumeuses toujours vacillent
quelques ombres sur la rive déserte.
Dans le cercle de la place une sarabande
se déchaîne au grondement des bateaux à aubes.

VERS VIENNE

Le couvent baroque
d'écume et de biscuit
ombrageait un plan d'eaux lentes
et de tables dressées, çà et là parsemées
de feuilles et de gingembre.

Un nageur émergea, ruissela
sous une nuée de moucherons,
nous questionna sur ce voyage,
parla longuement du sien outre-frontière.

Il indiqua le pont en face, qu'on passe
(signala-t-il) pour un sou de péage,
il salua de la main, s'enfonça,
fut le courant même...
À sa place,
en éclaireur jaillit d'un garage
un joyeux basset aboyeur,

seule voix fraternelle dans la touffeur.

CARNAVAL DE GERTI

Si la roue s'embarrasse dans un nœud
de serpentins, si le cheval
se cabre dans la foule, s'il neige
sur tes cheveux, tes mains, un long frisson
de fugaces confettis irisés ; si les enfants
élèvent de plaintifs ocarinas saluant
ton voyage, si des échos légers s'égrènent
sur le fleuve, du haut du pont ;
si la rue se dépeuple et te conduit
dans un monde insufflé au sein d'une tremblante
bulle d'air et de lumière où le soleil
salue ta grâce — peut-être as-tu
retrouvé la voie qu'un instant ébaucha
le plomb fondu à minuit lorsque
prit fin l'année paisible sans tirs.

Et maintenant tu veux faire halte là où un filtre
dépouille les sons

et en tire les souriantes et âcres
fumées qui composent ton lendemain :
maintenant tu demandes un pays d'onagres
mordant des carrés de sucre dans tes mains
et d'arbres trapus aux bourgeons pointant
miraculeusement vers le bec des paons.
(Oh ton carnaval sera plus triste
cette nuit que le mien, toi prisonnière parmi
les dons pour les absents : chariots aux teintes
liquoreuses, pantins et arquebuses,
balles de caoutchouc, lilliputiens
ustensiles de cuisine : l'urne les destinait
à chacun des amis lointains, l'heure
où janvier s'entrouvrit, où dans le silence
le sortilège s'accomplit. Est-ce carnaval,
ou décembre qui s'attarde encore ? Je pense
que si tu tournes l'aiguille de la petite
montre que tu portes au poignet, tout
reculera dans un prisme babélique,
décomposé, de formes et de couleurs...)

Et Noël viendra puis le Jour de l'an
qui dépeuple les casernes et te ramène
tes amis dispersés, puis ce carnaval
lui aussi reviendra, qui maintenant nous échappe
à travers les murs qui se fendent déjà. Demandes-
tu d'arrêter le temps sur le pays
qui se dilate alentour ? De grandes ailes
bariolées t'effleurent, hors des loggias
se penchent de frêles poupées
blondes, vivantes, les aubes des moulins
tournent fixées sur les mares jasantes.
Demandes-tu de retenir les cloches

d'argent au-dessus du faubourg et le cri rauque
des colombes ? Demandes-tu les matins
frémissants de tes grèves lointaines ?

Comme tout devient étrange et difficile,
comme tout est impossible, dis-tu.
Ta vie est ici-bas où retentissent
les roues des fourgons, sans trêve,
et rien ne revient, sinon peut-être en ces
écarts du possible. Retourne
là parmi les jouets morts, où il est refusé
même de mourir ; avec le temps qui bat
à ton poignet, te rend à l'existence,
entre les murs pesants qui ne s'ouvrent pas
sur le gouffre où les humains peinent,
reviens au chemin où je m'étiole avec toi,
celui qu'indiqua le plomb figé
à mes soirs, à tes soirs :
reviens aux printemps qui ne fleurissent pas.

VERS CAPOUE

... son trop-plein débordant sur le méandre,
d'un bond le Vulturne déversa, tout jaune, sa
crue sur les bruyères, la dispersa
dans l'argile. Là-bas se profilait,
mobile, derrière les haies un postillon,
il apparut au-dessus des chevaux,
dans un sillage de poussière, de sonnailles.
Il s'arrêta quelques instants — l'équipage

tanguait, tout autour voletaient
des papillons minuscules. Furtif,
un rayon incendia d'un coup la chênaie
écorchée de ses lièges, la voiture
repartait avec peine ; et toi au fond qui agitais
longuement une écharpe, bannière
étoilée ! et le fleuve glouton s'ensablait.

À LIUBA QUI PART

Ce n'est plus le grillon mais le chat
du foyer
qui te conseille, lare
superbe de ta famille dispersée.
La maison qu'avec toi
enveloppée tu emportes, cage ou boîte à chapeaux ?,
domine les temps aveugles comme le flot,
arche légère — suffit à ton salut.

DORA MARKUS

1

Ce fut là où le pont de bois
mène à Porto Corsini, vers le large,
et de rares hommes, presque immobiles, plongent
ou tirent leurs filets. D'un signe

de la main tu indiquais, vers l'autre rive
invisible, ta vraie patrie.
Puis nous avons suivi le canal jusqu'à la darse
de la ville, brillante de suie,
dans la zone basse où s'enfonçait,
inerte, un printemps sans mémoire.

Et ici où une vie antique
s'irise en une douce
anxiété d'Orient,
chatoyaient tes paroles, écailles
d'un rouget mourant.

Ta fièvre me fait penser
aux oiseaux de passage qui heurtent les phares
dans les soirs de tempête :
ta douceur est une tempête aussi,
elle tourbillonne sans apparaître,
et ses pauses sont encore plus rares.
Je ne sais comment, exténuée, tu résistes
en ce lac
d'indifférence de ton cœur ; peut-être
une amulette te sauve-t-elle, que tu gardes
près du bâton de rouge,
de la houppette, de la lime : une souris blanche,
d'ivoire ; et ainsi tu existes !

2

Désormais dans ta Carinthie
de myrtes fleuris et d'étangs,
penchée sur le bord tu surveilles

la carpe qui mord, timide,
ou bien tu suis sur les tilleuls, entre les pointes
des pignons, l'embrasement
des crépuscules et dans les eaux les tentes
des quais et des pensions, qui flambent.

Le soir qui s'étend
sur la baie humide n'apporte
avec le battement des moteurs
que des plaintes d'oies ; et un intérieur
de faïences neigeuses raconte
au miroir noirci qui t'a vue
différente une histoire d'erreurs
obstinées et la grave
là où ne parvient pas l'éponge.

Ta légende, Dora !
Mais déjà elle est écrite dans ces regards
d'hommes aux favoris
hautains et grêles sur de grands
portraits d'or, elle revient
à chacun des accords qu'exhale
l'accordéon enroué, dans l'heure
qui s'assombrit, toujours plus tard.

Elle est écrite là. Toujours vert
pour la cuisine, le laurier
résiste, la voix ne change pas,
Ravenne est loin, une foi féroce
distille du poison.
Que te veut-elle ? On ne cède
ni voix ni légende ni destin...
Mais il est tard, toujours plus tard.

LE PARC DE CASERTE

Où le cygne cruel
lissant ses plumes se contorsionne,
au ras de l'étang, parmi le feuillage,
une sphère se réveille, dix sphères,
une torche au fond de l'eau, dix torches

— un soleil s'équilibre
avec peine dans l'air matinal,
sur les dômes vert sombre, les globes de guingois
des araucarias,

qui défait comme lianes
des bras de pierre, sans trêve
prend dans ses rets le passant et
du point le plus reculé lui soustrait
racines et avenir.

Les doigts des Mères se crispent,
cherchent le vide.

ACCELERATO

Ce fut… comme le frisson
pénétrant qui traverse
les faubourgs et soulève

jusqu'aux hampes des tours
la cendre de la journée,
comme entre les barreaux
la rafale pluvieuse
qui revient à l'assaut
des saules inclinés — ce fut ainsi
et ce fut un tumulte dans la dure
obscurité que rompt ici et là
une trouée d'azur jusqu'à l'apparition
lente de l'idyllique
Entella qui en douceur
reflue des ciels de l'enfance
et coule au-delà du futur —
puis vinrent d'autres rivages, le vent tourna,
la lessive s'accrut aux fils, des hommes encore
sortirent au jour, de nouveaux nids
obstruèrent les gouttières —
ce fut ainsi,
réponds-tu ?

II

Motets

Sobre el volcán la flor.

G. A. BÉCQUER

Tu le sais : je dois te reperdre et ne le peux pas.
Comme un tir précis m'ébranle
chaque action, chaque cri, et jusqu'au souffle
salin qui déborde
des môles et fait l'obscur printemps
de Sottoripa.

Paysage de ferraille, forêt
de mâtures dans la poussière du soir.
Un long vrombissement arrive du large,
déchirant comme l'ongle sur les vitres. Je cherche le
[signe
perdu, le gage unique reçu telle une grâce
de toi.
Et l'enfer est certain.

☆

Bien des années, et l'une plus dure au-dessus du lac
étranger où flambent les soleils couchants.
Puis des monts tu es descendue me ramener
Saint Georges et le Dragon.

Pouvoir les imprimer sur le grand pavois
qui claque au fouet du vent grec
en mon cœur... Et pour toi descendre dans un gouffre
de fidélité, immortel.

☆

Givre sur les vitres ; unis
toujours et toujours à l'écart
les malades ; et au-dessus des tables
les longs soliloques sur les cartes.

Ce fut ton exil. Je repense
au mien aussi, lorsqu'un matin
dans les rochers j'entendis crépiter
la bombe ballerine.

Et longtemps durèrent ces jeux de Bengale
nocturnes : comme dans une fête.

Une aile rude est passée, a frôlé tes mains,
mais en vain : cette carte n'est pas la tienne.

☆

Même loin, j'étais avec toi lorsque ton père,
te laissant son adieu, pénétra dans la nuit.
Qu'avais-je su jusqu'alors ? L'usure
d'*avant* ne m'a sauvé qu'en ceci :

que je t'ignorais et ne l'aurais pas dû : aux battements
du présent je le sais, quand de là-bas vient refluer
une heure qui me ramène Cumerlotti
ou Anghébeni — parmi les bombes qui explosent,
les plaintes, les secours qui se pressent.

☆

Adieux, sifflets dans l'ombre, signes, toux
et vitres fermées. C'est l'heure. Peut-être
les automates ont-ils raison. Comme, des couloirs,
ils apparaissent murés !

. . .

Toi aussi prêtes-tu à la sourde
litanie de ton rapide cette affreuse
et fidèle cadence de carioca ? —

☆

L'espoir de te revoir quand même
m'abandonnait ;

et je me demandai si cela, qui m'interdit
toute impression de toi, écran d'images,
porte les signes de la mort, ou si depuis longtemps
se trouve en lui, mais distordu, fugace,
venu de toi, un éclair :

(à Modène, sous les arcades,
un valet tout galonné traînait
en laisse deux chacals).

☆

Voici le signe ; ramifié
sur le mur qui se dore :
la découpure d'un palmier
brûlé par des éclairs d'aurore.

Le pas qui provient
de la serre, si léger,
n'est pas feutré de neige, c'est encore
ta vie, ton sang dans mes veines.

☆

L'âme qui dispense
forlane et rigodon à chaque nouvelle
saison de la route, s'alimente
de la passion secrète, la retrouve
à chaque angle plus intense.

Ta voix est cette âme qui plane.
Sur des fils, sur des ailes, au vent, au hasard, à
la faveur de la muse ou de quelque instrument,
elle revient joyeuse ou triste. Je parle d'autre chose
à d'autres qui t'ignorent et son dessin
est là qui insiste *do ré la sol sol...*

☆

Je te libère le front des glaçons
ramassés en traversant les hautes
nébuleuses ; tes plumes sont déchirées
par les cyclones, tu t'éveilles par sursauts.

Midi : dans l'encadrement le néflier allonge
une ombre noire, au ciel s'obstine un soleil
frileux ; et les autres ombres qui tournent
dans la ruelle ignorent que tu es ici.

☆

La fleur qui répète
sur le bord du ravin
ne m'oublie pas,
n'a de teintes ni plus gaies ni plus claires
que l'espace jeté entre toi et moi.

Un grincement de ferraille nous écarte,
le bleu obstiné ne reparaît pas.
Dans la touffeur presque visible, le funiculaire
me ramène à l'étape opposée, sombre déjà.

☆

La grenouille, première à refaire vibrer sa corde
depuis l'étang qui noie
joncs et nuages, bruissement de caroubiers
entrelacés où éteint ses flambeaux
un soleil sans chaleur, sur les fleurs bourdonnement
indolent de coléoptères qui butinent
encore des sèves, ultimes sons, avare
vie des champs. Dans un souffle
l'heure s'épuise : un ciel d'ardoise
se prépare à l'irruption de chevaux
décharnés, à leurs sabots pleins d'étincelles.

☆

Ne retranchez pas, cisailles, ce visage
unique dans ma mémoire qui se dépeuple,
ne faites pas de ses vastes traits à l'écoute
mon brouillard de toujours.

Un froid descend... Sec, le coup étête.
Et l'acacia blessé rejette
la carapace de cigale
dans la première boue de novembre.

☆

Le roseau qui mollement
perd le panache de son rouge
éventail au printemps ;
le sentier encaissé, par-dessus le noir
ruisselet survolé de libellules ;
et le chien haletant qui rentre,
son fardeau entre les dents,

ici maintenant je ne les reconnais plus ;
mais là où le reflet se fait le plus cuisant
et très bas le nuage, derrière ses
pupilles désormais lointaines, juste deux
faisceaux de lumière en croix.
Et le temps passe.

IV

Sap check'd with frost, and lusty leaves quite gone,
Beauty o'ersnow'd and bareness every where.

SHAKESPEARE,
Sonnets, V.

LA MAISON DES DOUANIERS

Tu ne te rappelles pas la maison des douaniers
sur la hauteur surplombant la falaise :
désolée elle t'attend depuis le soir
où y entra l'essaim de tes pensées
pour une halte inquiète.

Depuis lors le garbin cingle ses vieux murs
et le son de ton rire n'est plus gai :
la boussole affolée va à l'aventure
et le compte juste au jeu de dés ne revient plus.
Tu ne te rappelles pas ; un autre temps désoriente
ta mémoire ; un fil se dévide.

J'en tiens encore un bout ; mais la maison
s'éloigne et au sommet du toit la girouette
enfumée tourne sans pitié.
J'en tiens un bout : mais toi tu restes seule
et ton souffle n'est plus dans cette obscurité.

Oh l'horizon en fuite, où s'allume
parfois la lumière d'un pétrolier !
La passe est-elle ici ? (Et le récif écume
encore sur le flanc de l'abrupt...)
Tu ne te rappelles pas la maison de ce soir
qui est mien. Et je ne sais qui reste ou part.

MARÉE BASSE

Soirées de cris, lorsque la balançoire
oscille sous la tonnelle d'alors
et qu'une vapeur sombre voile à peine
la fixité de la mer.

Fini ce temps. À présent franchissent le mur
de rapides vols obliques, la descente
de toute chose ne s'arrête pas et sur la rive
escarpée s'estompe même le rocher
qui le premier te porta sur les vagues.

Dans le souffle du printemps arrive
un lugubre ressac
d'existences aspirées ; et dans le soir,
noir liseron, seul ton souvenir
s'enroule et se défend.

Il se lève sur les remblais, sur le tunnel plus loin
où très lentement le train s'enterre.

Puis un troupeau lunaire survient
sur les coteaux, invisible, et les broute.

STANCES

Je recherche en vain le point où prit sa source
le sang qui te nourrit, cercles se repoussant
à l'infini au-delà du bref
espace des jours humains,
qui t'a rendue présente parmi les déchirantes
agonies que tu ignores, vivante en un putride
marais d'astre englouti ; et maintenant
c'est une sève qui dessine tes mains,
bat imperceptible à ton pouls et t'enflamme
ou décolore le visage.

Pourtant le fin réseau de tes nerfs
se remémore un peu le voyage qu'il fit
et si je découvre tes yeux une ferveur
les consume, voilée par un passage
tourbillonnant d'écume qui tour à tour
s'épaissit et se brise, et tu le sens au grondement
de tes tempes s'évanouir dans ta vie
comme parfois dans le silence
d'une place assoupie
s'égaille un vol tapageur de pigeons.

A ton insu converge en toi une gloire
de rayons, dont certes quelques-uns apparurent

à d'autres : tel frissonna le soir,
frappé par une aile blanche en fuite,
tel autre vit des fantômes errants
là où quelqu'un aperçut des essaims de fillettes,
ou découvrit, comme l'éclair se diffuse,
une ride dans l'azur, et le choc
des leviers du monde visibles par un accroc
du ciel bleu l'enveloppa, plaintif.

En toi m'apparaît une dernière corolle
de cendre légère qui ne dure pas
mais tombe en flocons. Voulue,
non plus voulue, telle est ta nature.
Tu touches au but, passes au-delà. Oh la vibration
de l'arc qui a tiré, le sillon qui laboure
le flot et se referme ! À présent affleure
la dernière bulle. La damnation, peut-être,
est cette délirante amère
obscurité descendant sur qui reste.

SOUS LA PLUIE

Un murmure ; et ta maison s'embue
comme dans la brume du souvenir —
le palmier est en larmes : sourde
pèse la dissolution qui retient
dans la touffeur des serres même les espérances
nues et le remords d'une pensée.

« *Por amor de la fiebre* »… un tourbillon
m'entraîne avec toi. Rouge vif, un store
rayonne, une fenêtre se referme.
Gravissant l'allée maternelle chemine,
coquille d'œuf qui va parmi la boue,
un peu de vie que fouettent ombre et lumière.

Adiós muchachos, compañeros
de mi vida, grinçait ton disque dans la cour :
et je chéris mon masque si me reste
encore, passé les moulinets du sort,
le soubresaut qui ramène
sur ton sentier.

Je suis les ruissellements qui brillent et, nuées au fond,
la fumée traînante d'un navire.
Une trouée se trace point à point…
Par toi
je comprends ce qu'ose la cigogne quand
son vol s'élance de la flèche brumeuse
et rame vers la ville du Cap.

PUNTA DEL MESCO

Sur le ciel de la carrière à l'aurore
que raie le vol droit des perdrix,
la fumée des mines se faisait plus tendre,
montait lentement les pentes à pic.
Des ondines à l'éperon de la péniche

se renversèrent, trompettes sans voix,
et se perdirent, vives, dans l'écume
que ton pas effleurait.

Je revois le sentier que je suivis un jour
comme un chien inquiet ; il va léchant le flot,
puis grimpe entre les rocs, un fumier maigre
ici ou là l'efface. Et tout se vaut.
Sur le gravier mouillé se tourmente un écho
des averses. Humide, le soleil brille
sur les membres fatigués des casseurs
de pierre courbés qui martèlent.

Étraves qui resurgissent et m'apportent
quelque chose de toi... Un trépan grave
dans la roche le cœur — autour éclate
un grondement plus fort. Je m'avance à tâtons
dans la fumée, mais je revois : tes gestes rares
me reviennent,
et le visage qui fait le jour à la fenêtre —
ton enfance me revient, déchirée
d'explosions !

COSTA SAN GIORGIO

Un feu follet empoussière la route.
Le gazier dévale et pédale,
vivement, l'échelle sur l'épaule.
Une autre lueur répond, l'ombre alentour
papillote, puis retombe.

Je sais, le cercle ne s'ouvre pas
et tout s'affaisse ou vivement se perche
parmi les arcs. De longs mois
ont fui ainsi : en reste un gel
phosphorescent d'insectes au fond des souterrains
et sur la lune un voile blême.
                                        Jadis
brillait sur les chemins du prodige
El Dorado, il fut le deuil de tes ancêtres.
Maintenant le Fétiche est ici, écartelé. Il tend
les bras dans la charmille : les ténèbres
en effacent le regard. Sans voix,
décomposé par la sécheresse, presque inanimé,
le Fétiche est en croix.

Sa présence se répand et pèse.
Rien ne revient, tout ce qui n'est pas vu
se recompose dans le feu magique.
Nul souffle ; rien ne sert : Maritorne
ne décroche plus pour nous de la poutre
de l'étable sa chandelle.

Tout se vaut ; ne ris pas : je le sais,
le grincement des ans dès le premier,
plaintif, sur leurs gonds, le matin,
limbe sur la descente stupide —
et au fond la presse de l'ennemi muet
qui écrase...
                    Si une pendule retentit
de l'intérieur, elle apporte le bruit sourd du pantin
abattu.

L'ÉTÉ

L'ombre en croix de la crécerelle semble ignorée
des tout jeunes arbrisseaux qu'elle rase, fugace.
Et que voit la nuée ? Tant de faces
a la source qui sourd.

Peut-être dans l'éclair argenté de la truite
à contre-courant
reviens-tu toi aussi à mes pieds enfant morte
Aréthuse.

Voici l'épaule en feu, la pépite
entraînée au soleil,
la piéride folle, le fil de l'araignée
tendu sur l'écume qui bouillonne —

et quelque chose qui va et trop d'autres qui
ne passeront pas le chas d'aiguille...

Il faut trop de vies pour en faire une.

EASTBOURNE

« Dieu sauve le Roi » entonnent les trompettes
d'un pavillon dressé sur pilotis
ouvrant un passage à la mer quand elle monte

détruire les empreintes
humides des chevaux sur le sable
de la plage.

Froid, un vent m'assaille
mais un trait de lumière embrase les vitres
et la blancheur de mica des falaises
en resplendit.

Bank Holiday... Qui ramène la longue vague
de ma vie
glissant, trop douce, au ras de la pente.
Il se fait tard. Le fracas s'atténue,
se conclut en sourdine.

Les mutilés vont sur des chaises à roulettes,
accompagnés de chiens aux longues
oreilles, d'enfants silencieux, de vieillards. (Demain
peut-être tout semblera un rêve.)
                                        Et tu viens
toi aussi voix prisonnière, âme
dissoute qui s'est égarée,
voix de sang, perdue et rendue
à mon soir.

Comme tourne, brillante, sur ses tambours
une porte d'hôtel
— une autre répond, lui renvoie un rayon —
un carrousel m'agite qui emporte
tout dans sa ronde ; et moi aux écoutes
(« ma patrie ! ») je reconnais ton souffle,
moi aussi je me lève et le jour est trop dense.

Tout apparaîtra vain : même la force
qui dans sa gangue tenace agrège
les vivants aux morts, les arbres aux rochers,
et de toi se dégage pour toi. La fête
est sans pitié. La fanfare renvoie
loin son vacarme, aux premières ombres
se déploie une bonté sans armes.

Le mal triomphe... La roue ne s'arrête pas.

Toi aussi le savais, lumière-dans-les-ténèbres.

Dans la contrée qui brûle, où tu as
disparu au premier son des cloches, seul
demeure l'âcre tison qui fut
Bank Holiday.

CORRESPONDANCES

À présent qu'au fond un mirage
de vapeurs vacille et se perd,
autre chose, entre les arbres, s'annonce par
la clochette du pivert.

La main qui plonge au sous-bois
et brode la trame
du cœur avec des pointes de chaume
est celle qui mûrit les cauchemars d'or
dont miroitent les nappes d'eau

lorsque Bassarée sur son char sonore
ramène des mugissements de béliers affolés
sur le désert rapiécé des collines.

Toi aussi reviens-tu, bergère sans troupeaux,
t'asseoir sur ma pierre ?
Je te reconnais ; mais ne sais ce que tu lis
au-delà des vols changeants sur la passe.
Je le demande en vain à la plaine où une brume
hésite entre éclairs et explosions sur des toits épars,
à la fièvre des rapides que dissimule
la côte qui fume.

BARQUES SUR LA MARNE

Bonheur du liège abandonné
au courant
qui délaie les contours des ponts à l'envers
et la pleine lune pâle dans le soleil :
barques sur la rivière, agiles dans l'été,
et murmure stagnant de cités.
Suis des rames le pré quand le chasseur
de papillons y promène son filet,
la tremblaie sur le mur où le sang
du dragon se répète en cinabre.

Voix sur le fleuve, éclats fusant des rives,
ou rythmique scansion de pirogues
lorsque filtre le crépuscule

entre les chevelures des noyers, mais où est
la lente procession de saisons
qui fut aube infinie et sans routes,
où est la longue attente, quel est le nom
du vide qui nous gagne ?

Tel est le rêve : un vaste,
interminable jour qui revient fondre
entre les berges, presque immobile, sa lumière
et à chaque tournant le bon labeur de l'homme,
le lendemain voilé qui n'inspire pas d'horreur.
Et autre encore était le rêve, mais son reflet
fixe sur l'eau en fuite, sous le nid
de la penduline, aérien, inaccessible,
était silence très profond dans le cri
unanime de midi, et matin
plus long était le soir, la grande effervescence
était grand repos.
                    Ici… la couleur
qui résiste est d'un rat qui a sauté
parmi les joncs ou, avec son jet de métal
venimeux, l'étourneau qui se perd
dans les fumées de la rive.
                                Un autre jour,
redis-tu — ou que redis-tu ? Et où mène
cette embouchure qui pullule en un jaillissement
unique ?
          Tel est le soir. À présent nous pouvons
descendre jusqu'à l'heure où s'allumera l'Ourse.

(Barques sur la Marne, dominicales, course
du jour de ta fête.)

ÉLÉGIE DE PICO FARNESE

Les pèlerines à l'étape qui ont tenu
toute la nuit en litanies
ajustent leur ample châle sur leur tête,
éteignent les feux, remontent sur les chariots.
Dans l'aube triste se coulent à leurs
chatières découpées dans les portes les souples angoras
et un chien fauve s'allonge dans l'humide enclos
parmi les fruits tombés à l'ombre du bigaradier.
Hier tout semblait figé en pénitence mais ce matin
des pierres-éponges reviennent à la vie
et le profond sommeil s'éveille dans la cuisine,
de la haute cheminée parviennent de joyeux bruits.
Faiblement la psalmodie revient en volutes plus
[légères,
vent et distance en brisent les voix, les recomposent.

« Îles du sanctuaire,
voyages de vaisseaux aériens,
soulève le suaire,
compte les jours et les mois
qui restent à finir. »

Rues et marches qui montent en pyramide, sillonnées
d'entailles, toiles d'araignée de pierre où s'ouvrent
des ténèbres animées par les yeux familiers
des porcs, archivoltes patinées de vert-de-gris,
le chant se dégage avec peine des ombrelles des pins,
et s'attarde affaibli dans l'indigo qui perle
sur recoins, saillies, pans de murailles.

« Grottes aux parois qu'incise
le Poisson luisant, sait-on
quel autre signe se perd
car la vie n'est pas toute
dans ce sépulcre vert. »

Paresseuse illusion. Pourquoi s'attarder ici
à cet amour de femmes barbues, à un vain délire
que le forgeron du village, lorsqu'il frappe l'enclume,
penché sur la chaleur blanche, rejette ? Tout autre
est l'Amour et dans les arbres il étincelle avec ta colère
et ta frange ailée, messagère courroucée !
Si tu presses jusqu'à la moelle les kakis flamboyants, si
[dans les eaux
tu reflètes le plumage de ton front sans défaut
ou détruis les noires sornettes et veilles
au passage de quelques-uns parmi des hordes
[d'hommes-chèvres,

(« colliers de noisettes,
sucre filé à la main
sur la fente du rocher
miraculé qui porte
les prières jusqu'en bas, paroles
de cire qui dégoutte, paroles
que la graine de tournesol
disperse quand elle brille »)

ta splendeur éclate. Mais se fait plus discrète à l'heure
où sortant du couloir glacial, théâtre de l'enfance
abandonné depuis longtemps, du grenier lugubre
de verres et d'astrolabes, après une longue attente
aux balcons de lierre, un signe nous conduit
à la clairière aride où quelqu'un pour nous

tente une fête de tirs. Et là, quand apparaît inaudible
ton secours, dans l'air brille la cible tournoyante, elle
[se brise
sous nos coups ! Le jour ne demande pas plus d'une
[clé.
Le temps est doux. L'éclair de ta robe s'estompe
dans l'humeur de l'œil qui réfracte en son
cristal d'autres couleurs. Derrière nous, calme, sans
[voir
le changement, de lémure dès lors redevenu céleste,
le tout jeune Anaclet recharge les fusils.

NOUVELLES STANCES

Les derniers brins de tabac
s'éteignent à ton geste dans le cendrier
de cristal : lente, monte au plafond
la spirale de fumée
que les fous et les cavaliers des échecs
regardent stupéfaits ; et d'autres anneaux
la suivent, plus mobiles que ceux
de tes doigts.

Le mirage qui lâchait dans le ciel
tours et ponts a disparu
au premier souffle ; la fenêtre s'ouvre
inaperçue et la fumée s'agite. Là au fond
une autre troupe bouge : sabbat
d'hommes qui ne connaît pas ton encens,

sur l'échiquier dont tu peux seule
composer le sens.

J'ai jadis soupçonné que peut-être
toi-même ignorais le jeu qui se déroule
sur ce carré, maintenant orage à tes portes :
folie de mort ne s'apaise pas à peu
de prix (mais est-ce peu que l'éclair de ton regard ?),
il y faut d'autres feux, derrière les épais
rideaux que pour toi fomente le dieu
du hasard, lorsqu'il veille.

Aujourd'hui je sais ce que tu veux ; le battement
sourd de la Martinelle effarouche
les figurines d'ivoire dans une lumière
spectrale de névé. Mais résiste
et remporte le prix de la veille
solitaire celui qui peut avec toi opposer
au miroir ardent qui aveugle les pions
tes yeux d'acier.

RETOUR

(Estuaire de la Magra)

Voici brume et garbin sur les dunes
sablonneuses aux langues mouvantes
et là dissimulé par leur frange incertaine
ou soulevé par le va-et-vient de l'écume

le batelier Duilio qui traverse
en luttant sur ses rames ; voici le piment
des pins qui plus net
se dilate entre peupliers et saules,
et des pompes à vent dont battent les pales
et le sentier qui suit les vagues jusque
dans l'estuaire terreux
vénéneuse champignonnière d'ovules ; voici
encore cet escalier
en colimaçon, ébréché, qui se visse
jusqu'à la véranda et au-delà
en un gel polychrome d'ogives,
le voici qui t'écoute, notre vieil escalier,
et qui vibre à ce bourdonnement
lorsque de la caisse du gramophone tu fais renaître
légère une voix de sarabande
ou quand soufflent de froides Érinnyes « serpents
d'enfer » et que sur les rives une tourmente
de cris s'éloigne ; et voici le soleil
qui achève sa course, s'estompant
sur les confins du chant — voici ta sourde
morsure de tarentule : je suis prêt.

PALIO

Ta fuite ne s'est donc pas perdue
en un tour de toupie
sur le bord de la route :
la course qui espace
jusqu'ici ses volutes,

dans la fosse de pourpre
où un tumulte d'âmes salue
les emblèmes de Licorne et Tortue.

L'élan des étendards n'altère pas
ton visage ; trop de flamme a consumé
les indices que tu percevais ; derniers présages,
cette odeur de résine et de tempête
imminente et le goutte à goutte tiède
des nuées déchirées,
tardif hommage à la gloire d'un sort
qui échappe même au destin. De la tour
tombe un tintement de bronze : le défilé
s'avance entre tambours battant
à la gloire des quartiers.
                                        Étrange : toi
qui contemples l'étendue effervescente,
les briques noircies, l'instable
montgolfière de papier qui s'envole
des fantômes remuant sur le cadran
de l'horloge immense, la voltige
en arpège des essaims et la stupeur
qui envahit la coquille
du Campo, tu retiens
dans tes doigts le sceau impérieux
que je croyais perdu
et la lumière d'avant se diffuse
sur les têtes et les blanchit de ses lis.

De là revient un écho : « Il était une fois... »
(il remémore la prière qui dans l'ombre
te parvint un matin)

« non un royaume, mais la grêle
trace de filigrane
que sans marquer d'un signe
nos pas effleuraient.

Sous la voûte glacée
pèse à présent un sommeil de pierre,
de la cave monte une voix
que personne n'écoute — toi peut-être.

Les barreaux en croix ne rythment plus
la lumière pour qui s'est égaré,
la mort n'a d'autre voix
que celle que la vie diffuse »,

mais ici une autre voix chasse l'horreur
du prisonnier, et pour elle ce refrain
ne vaut pas le griffonnage de hampes drapées
(Oie et Girafe) qui là-haut s'entrecroisent
et retombent en flammes. Les gradins craquent
au passage des rosses que salue
un même hurlement. C'est l'envol ! Et toi, oublie !
Oublie la mort
toto coelo envahissante et l'ergotant
bégaiement des damnés ! Il y eut *le* jour
des vivants, tu le vois, il semble immobile
dans l'eau du rubis qui se peuple
d'images. Le présent s'éloigne
et le but est là : hors de cette forêt
d'oriflammes, sur les cloches sonnant
dans le ciel déchaîné, au-delà du regard
de l'homme — et tu le fixes. Ainsi, dressés,
jusqu'à ce que la toupie émousse son pivot
mais laisse gravé le sillon. Puis, rien d'autre.

NOUVELLES DE L'AMIATA

Le feu d'artifice de l'orage
sera, le soir tombé, murmure de ruches.
La chambre a une charpente
vermoulue et une odeur de melon
traverse la cloison. Les fumées
souples qui remontent une vallée
d'elfes et de champignons vers le cône diaphane
de la cime troublent mes vitres,
et je t'écris d'ici, de cette table
lointaine, de la cellule de miel
d'une sphère lancée dans l'espace —
et les cages couvertes, l'âtre
où les marrons explosent, les veines
de salpêtre et de moisi sont le cadre
où bientôt tu surgiras. La vie qui raconte
ta fable est encore trop succincte
si elle te contient ! Ton icône se dévoile
sur le fond lumineux. Dehors il pleut.

☆

Si tu suivais les fragiles architectures
noircies par le temps et le charbon,
les cours carrées au centre percé
d'un puits très profond ; si tu suivais

le vol empêtré des oiseaux
de nuit et au fond du ravin le scintillement
de la Galaxie qui s'enroule autour de nos tourments.

Mais le pas qui résonne longuement dans la nuit
est d'un solitaire qui ne voit rien
que cette chute d'arcs, d'ombres et de plis.
Les étoiles ont des broderies trop fines,
l'œil du clocher s'est arrêté sur deux heures,
même les plantes grimpantes sont une montée
de ténèbres et leur parfum amer fait mal.
Reviens plus froid demain, vent du nord,
brise les antiques veines de grès,
mêle les pages des livres d'heures dans les greniers,
et que tout soit cristal serein, empire, prison
du sens qui ne désespère pas ! Reviens plus fort,
vent de septentrion qui fais chérir
les chaînes et scelles les spores du possible !

Les rues sont trop étroites, des ânes noirs
en file claquent les sabots pleins d'étincelles,
du pic invisible répondent des flambées de magné-
[sium.
Oh le lent goutte à goutte qui tombe
des masures sombres, le temps devenu eau,
le long colloque avec les pauvres morts, la cendre, le
[vent,
le vent qui s'attarde, la mort, la mort qui vit !

☆

Cette rixe chrétienne qui n'a
de mots que d'ombre et de plainte,
que t'apporte-t-elle de moi ? Moins que
ne t'a ravi le bief qui doucement
s'enterre dans sa gaine de ciment.
Une roue de meule, un vieux tronc,
confins ultimes du monde. Un tas de foin
se défait : et tard venus
joindre ma veille à ton profond
sommeil qui les reçoit, les porcs-épics
s'abreuvent à un filet de pitié.

III

La tourmente
et autres textes

I

Finisterre

LA TOURMENTE

Les princes n'ont point d'yeux pour voir ces grand's merveilles,
Leurs mains ne servent plus qu'à nous persécuter...

AGRIPPA D'AUBIGNÉ,
À Dieu.

La tourmente qui déverse sur les feuilles
dures du magnolia les longs tonnerres
de mars et la grêle,

(les sons de cristal dans ton nid
nocturne te surprennent, de l'or
éteint sur les acajous, sur la tranche
des livres reliés, une pépite de sucre
brûle encore dans la coquille
de tes paupières),

l'éclair, blancheur qui glace
arbres et murs et les surprend en cette

éternité d'instant (marbre manne
et destruction) qu'en toi-même tu portes
sculptée pour ta condamnation et qui te lie
à moi plus que l'amour, étrange sœur, —

puis l'éclat déchirant, les sistres, le frémissement
des tambourins sur la fosse maudite,
un fandango trépignant, et dans l'air
quelque griffe qui chavire...
Comme lorsque
tu t'es retournée et que, de la main, le front
dégagé de ta nuée de cheveux,

tu m'as salué — pour entrer dans la nuit.

LETTRE JAMAIS ÉCRITE

Pour un fourmillement d'aubes, pour quelques
fils où vienne s'accrocher
le flocon de la vie et s'enfiler
en collier d'ans et d'heures, aujourd'hui les dauphins
[par couples
cabriolent-ils avec leurs petits ? Oh n'entendre
rien de toi, fuir l'éclat
de tes cils. Bien autre chose est sur terre.

Je ne sais ni m'effacer ni reparaître ; la forge
rougeoyante de la nuit
tarde, la soirée se prolonge,
la prière est supplice, et la bouteille

ne t'est pas encore parvenue de la mer
entre les rochers qui émergent. La vague, vide,
se brise sur la pointe, à Finisterre.

SOMMEIL

Le cri des effraies, lorsqu'un arc-en-ciel
en palpitant pâlit,
les gémissements, les soupirs
de jeunesse, l'erreur qui enserre
les tempes et la vague horreur des cèdres ébranlés
par le choc de la nuit — tout cela
peut me revenir, déborder des fossés,
jaillir des conduites, m'éveiller
à ta voix. Poignant monte le son
d'une gigue cruelle, l'adversaire abaisse
la visière de son casque. La lune d'amarante
entre dans les yeux fermés, c'est une nuée,
elle grandit ; et quand le sommeil la fait pénétrer
plus au fond, elle est encore sang au-delà de la mort.

BOUCLES D'OREILLES

Le tain du miroir ne garde pas ombre
de vols. (Et du tien plus aucune trace.)
L'éponge a passé qui chasse
du cercle d'or les lueurs sans défense.

J'y cherchais tes pierres, tes coraux, la loi
qui t'enlève, impérieuse ; je fuis
la déesse qui ne s'incarne pas, je porte
mes désirs jusqu'à ce que ton éclair les consume.
Dehors bourdonnent des élytres, bourdonne l'insensé
rite funèbre, il sait que deux vies ne comptent pas.
Dans le cadre reviennent les molles
méduses du soir. Ton empreinte
viendra d'en bas : où, blêmes, à tes lobes
des mains qui se tordent fixent les coraux.

LA FRANGE DE CHEVEUX

La frange de cheveux qui voile
ton front puéril, tu ne dois pas
l'écarter de la main. Elle aussi parle
de toi, sur ma route elle est tout le ciel,
la seule lumière avec les jades
en cercle sur ton poignet, dans le tumulte
du sommeil le rideau que tendent
tes pardons, l'aile qui t'entraîne,
transmigrante Artémis, indemne,
parmi les guerres des mort-nés : si à cette heure
d'aériens duvets fleurissent
ce fond, c'est toi qui le moires, descendue
d'un bond, et ton front anxieux
se confond avec l'aube, lui fait ombre.

LE LIS ROUGE

Le lis rouge, si un jour
il prit racine dans ton cœur de vingt ans
(le barrage brillait entre les tamis
des sablonniers, des taupes luisantes s'engouffraient
en plongeant dans les roseaux, tours,
étendards bravaient la pluie,
et la transplantation heureuse au nouveau soleil
s'accomplit à ton insu) ;

le lis rouge déjà sacrifié
sur les arêtes dolomitiques lointaines
aux guis qui constellent ton écharpe,
et tes mains d'un gel incorruptible —
fleur de fossé qui s'ouvrira pour toi
sur les berges solennelles où le bruissement
du temps ne lasse plus... : pour secouer
la harpe céleste, pour rendre la mort amie.

L'ÉVENTAIL

Ut pictura... Les lèvres qui confondent,
les regards, les signes, les jours désormais tombés,
j'essaie de les fixer là comme dans un rond
de longue-vue retournée, muets
et immobiles, mais plus vivants. C'était un carrousel

d'hommes et d'engins en fuite dans cette fumée
qu'Eurus fouettait, et déjà l'aube l'empourpre
dans un sursaut et déchire ces brumes.
La nacre brille, la calanque
vertigineuse engloutit encore des victimes,
mais tes plumes sur les joues pâlissent
et le jour est peut-être sauf. Ces coups répétés,
quand tu te révèles, ces éclairs aveuglants, ces averses
sur les hordes ! (Meurt-il celui qui te reconnaît ?)

PERSONAE SEPARATAE

Comme l'écaille d'or qui se détache
du fond obscur et liquéfiée coule
dans le couloir des caroubiers désormais
squelettiques, sommes-nous de même
personnes séparées au regard
d'un autre ? Peu de chose est la parole,
peu de chose l'espace dans la crudité
de ces nouvelles lunes brumeuses : ce qui manque,
et qui nous tord le cœur et me retient ici
parmi les arbres, à t'attendre, est un sens
perdu, le feu, si tu préfères, qui imprime par terre,
figures parallèles, ombres concordantes,
aiguilles d'un même cadran les nouveaux troncs
des clairières et comble aussi les souches
creuses où nichent les fourmis. Trop
dévastée, la forêt humaine, trop sourde
cette voix éternelle, trop anxieuse
la trouée qui s'effiloche sur les cimes

neigeuses des Alpes de Luni. Ta forme
est passée par ici, s'est reposée sur le torrent
parmi les nasses à terre, s'est dissipée
comme un soupir, tout autour — et là nulle horreur
ne débordait, en toi la lumière trouvait
de la lumière encore, aujourd'hui abolie : dès l'aube
la nuit tombe.

L'ARCHE

La tempête de printemps a ébouriffé
l'ombrelle du saule,
au tourbillon d'avril
s'est prise dans l'enclos la toison d'or
qui dissimule mes morts,
mes chiens fidèles, mes vieilles
servantes — combien depuis lors
(quand le saule était blond et que j'en brisais
les boucles avec ma fronde) sont tombés,
vivants, dans la trappe. La tempête,
certes, les réunira sous le toit
d'autrefois, mais loin, plus loin
que cette terre foudroyée où
bouillonnent chaux et sang dans l'empreinte
du pied humain. À la cuisine fume
la louche, dans ses reflets arrondis
se concentrent visages osseux, museaux pointus
et le magnolia au fond les protège
si un vent l'y projette. La tempête
printanière secoue d'un aboiement
de fidélité mon arche, ô perdus.

JOUR ET NUIT

Même une plume qui vole peut dessiner
ta silhouette, ou le rayon qui joue à cache-cache
entre les meubles, renvoyé des toits par un miroir
d'enfant. Sur les murs d'enceinte
des traînées de vapeur prolongent les flèches
des peupliers, en bas sur son perchoir s'ébroue le
[perroquet
du rémouleur. Puis la nuit étouffante
sur la petite place, et des pas, et toujours cette dure
peine : sombrer pour resurgir pareil
depuis des siècles, ou des instants, de cauchemars qui
[ne peuvent
retrouver la lumière de tes yeux dans l'antre
incandescent — et encore les mêmes cris et de longs
pleurs sur la véranda
quand retentit soudain le coup qui te rougit
la gorge et brise tes ailes, ô dans le péril
annonciatrice de l'aube,
et que s'éveillent cloîtres et hôpitaux
au son déchirant des trompettes...

TON VOL

Si tu apparais au feu (les amulettes
pendent sur ta mèche,
te constellent)

deux lumières te disputent
au torrent qui s'enterre
sous la voûte d'épines.

Ta robe est en lambeaux, les arbrisseaux
piétinés refont des éclairs
et, gonflé, le vivier de têtards
humains s'ouvre aux sillons de la nuit.

Oh, ne trouble pas l'immonde
berge, laisse tout autour
les fagots qui brûlent, la fumée âcre
sur les survivants !

Si tu fends le feu (tes cheveux
blond cendré
sur la ride qui, tendre,
a délaissé le ciel),
comment pourra la main de soies,
de gemmes, retrouver parmi les morts
son fidèle ?

À MA MÈRE

À l'heure où le chœur des bartavelles
caresse ton sommeil éternel, heureuse
bande fuyant en désordre vers les coteaux
vendangés du Mesco, à l'heure où plus encore
la lutte des vivants fait rage, si tu cèdes

comme une ombre ta dépouille
(et ce n'est pas une
[ombre,
si chère, ce n'est pas ce que tu crois)
qui te protégera ?

La route dégagée
n'est pas une voie, seuls deux mains, un visage,
ces mains, *ce* visage, geste d'une
vie qui n'est pas une autre mais elle-même,
cela seul te place dans l'élysée
peuplé d'âmes et de voix où tu vis ;

et la question que tu laisses, elle aussi
est un geste de toi, à l'ombre des croix.

II

Après

MADRIGAUX FLORENTINS

11 août 1944

Un bedlington se montre, mouton
bleu, au tremblement de ces tronçons
— *Trinity Bridge* — dans l'eau. Si dans les égouts
s'enfoncent comme des rats les maîtres
d'hier (de toujours ?), les coups martelant
tes tempes jusque-là, à l'hôtel-Dieu
du paradis, sont le gong qui de nouveau
te réclame parmi nous, ma sœur.

BALLADE DE LA CLINIQUE

Dans le sillon de l'urgence :

quand s'évanouit outre-monts
la folle comète d'août

dans l'air encore serein
— mais ténèbres pour nous, et terreur,
belvédères et ponts s'écroulant
sur nous ensevelis comme Jonas
dans le ventre de la baleine —

et je me retournai : le miroir
de moi n'était plus le même
car soudain on t'avait enfermé
gorge et poitrine
dans un mannequin de plâtre.

Dans le creux de tes orbites
brillait le verre des larmes
plus épais que celui de ces grosses
lunettes d'écaille
que la nuit je t'enlève et dépose
près des ampoules de morphine.

Le dieu taurin n'était pas
le nôtre, mais le Dieu qui colore
de feu les lis du fossé :
j'invoquai le Bélier : la fuite
du monstre à cornes emporta
avec l'ultime orgueil le cœur encore
que brise ta toux.

J'attends un signe, si l'heure
du rapt final est proche :
me voici prêt, la pénitence
commence dès maintenant dans les sombres
sanglots de vallées et précipices
de l'*autre* Urgence.

Sur la table de nuit tu as mis
le bouledogue en bois, le réveil
aux aiguilles de phosphore
qui répand une lueur ténue
sur ton demi-sommeil,

ce rien suffisant à qui veut
forcer la porte étroite ;
et dehors, rouge, se dresse,
se déploie sur le blanc une croix.

Avec toi moi aussi je me penche vers la voix
qui jaillit dans l'aube, vers l'énorme
présence des morts ; et puis je fais

mien le hurlement du chien en bois, muet.

III

Intermède

À DEUX DANS LE CRÉPUSCULE

Entre toi et moi sur le belvédère
filtre une clarté sous-marine qui déforme
et le profil des monts et ton visage.
Sur un fond fuyant se détache, coupé
de toi, chacun de tes gestes ; il entre sans trace,
et disparaît, dans l'atmosphère qui comble
chaque sillon et se ferme sur ton pas ;
toi ici avec moi, descendue dans cet air
sceller
la torpeur des roches.
                                        Et moi, chavirant
sous le pouvoir qui pèse tout autour, je cède
au sortilège de ne reconnaître
plus rien de moi hors de moi ; si je lève
à peine le bras, mon acte se fait
étranger, se brise sur un cristal, devient
souvenir inconnu et pâli ; et le geste
déjà ne m'appartient plus ;
si je parle, j'écoute étonné cette voix

descendre jusqu'à sa gamme la plus lointaine
ou s'éteindre dans l'air qui ne la soutient pas.

Tel, au point qui résiste à l'ultime
épuisement du jour
dure le désarroi ; puis un souffle
ranime les vallées en un mouvement
frénétique et arrache aux feuillages un son
éclatant qui se disperse
en de rapides fumées et les premières lueurs
dessinent les quais.
... les mots
tombent, légers, entre nous. Je te regarde
dans une molle clartée reflétée. Je ne sais
si je te connais ; je sais que je n'ai jamais
été séparé de toi comme en ce retour
tardif. Quelques instants ont brûlé
tout de nous ; hormis deux visages, deux
masques, forcés, où grimace
un sourire.

LÀ OÙ FUT LE TENNIS...

Là où fut le tennis, dans l'étroit rectangle protégé par le ballast que surplombent les pins sauvages, le chiendent pousse à présent et, à leurs heures de liberté, les lapins sortent gratter la terre.

C'est ici qu'un jour vinrent, papillons aux ailes blanches, jouer deux sœurs, aux premières heures de l'après-midi. Vers l'est la vue était dégagée (elle l'est encore) et les roches humides du Corone mûrissent toujours le raisin âpre qui produira le *sciacchetrà*. Il est curieux de penser que chacun de nous possède un pays comme celui-ci, qui, aussi différent soit-il, devra rester *son* paysage, immuable ; curieux que cet ordre physique soit aussi long à s'insinuer en nous, aussi ineffaçable ensuite. Mais pour le reste ? Tout compte fait, rechercher le comment et le pourquoi de la partie interrompue, c'est comme les rechercher pour le frêle nuage de vapeur qui monte du cargo à l'ancre, là-bas sur la ligne de l'île Palmaria. Bientôt s'allumeront sur le golfe les premières lampes de pêcheur.

Tout autour, partout où porte le regard, l'iniquité des choses persiste, intangible. La grotte incrustée de coquillages a dû rester la même dans le jardin de plantes grasses, au-dessous du tennis ; mais le parent maniaque ne viendra plus photographier d'un éclair de magnésium la fleur unique, à nulle autre pareille, jaillie d'un cactus épineux et destinée à ne vivre que quelques instants. Même les villas des Sud-Américains semblent fermées. Il ne s'est pas toujours trouvé des héritiers prêts à dilapider cette pacotille de luxe rassemblée à coups de pesos et de milreis sonnants. Ou peut-être la sarabande des nouveaux venus marque-t-elle le pas en d'autres contrées : ici nous sommes parfaitement à l'abri, hors de portée. On dirait qu'ici la vie ne peut s'allumer que par éclairs et ne se repaît que de l'inerte qui s'accumule et part en pourriture dans ces régions désertées.

« *Del salón en el ángulo oscuro — silenciosa y cubierta de polvo — veíase el arpa...* » Eh oui, ce serait un musée impressionnant si on pouvait soulever les couvercles de l'ex-paradis du style Liberty. Sur la terrasse-gros coquillage, soutenue par un Neptune géant, à présent écaillé, plus personne ne s'est montré depuis la défaite électorale et le décès du Lion du Callao ; mais c'est là, sur le proéminent *bow-window* (*alias* oriel) où poiriers, pommiers et serpents composent une fresque de paradis terrestre, que feu dame Paquita rêva de couler une vieillesse sereine dorlotée par ces magnificences escroquées et par les sourires de sa descendance. Un jour vinrent les maris des filles, les gendres brazileiros et, jetant le masque, ils firent main basse sur toute cette manne. De la duègne et compagnie, plus de nouvelles. Un de ses descendants resurgit par la suite au cours d'une des dernières guerres et fit merveille. Mais on se trouvait alors vers l'époque du triomphe tripolitain. Ces objets, ces maisons étaient encore inclus dans le cercle vital, tant qu'il dura. Bien peu sentirent dès l'abord que le froid allait venir ; et parmi eux mon père peut-être, qui même aux plus chaudes journées d'août, après le dîner en plein air peuplé de phalènes et insectes variés, se jetait sur les épaules un châle de laine en répétant, on ne sait pourquoi, toujours en français : « *il fait bien froid, bien froid* », et se retirait aussitôt dans sa chambre pour finir de fumer au lit son Cavour à sept centimes.

VISITE À FADIN

Passé la Madonna dell'Orto, je marchai un moment sous les arcades du centre et pris, au tournant, par la montée qui mène à l'hôpital ; j'arrivai bientôt où le malade ne s'attendait pas à me voir : sur la terrasse des incurables, allongés au soleil. Il m'aperçut aussitôt et ne parut pas surpris. Il avait comme d'habitude les cheveux très courts, rasés depuis peu ; son visage, rouge aux pommettes, s'était creusé, ses yeux toujours aussi beaux étaient noyés dans un cerne plus profond. J'arrivais sans préavis en dehors des jours de visite : même sa Carlina, « l'ange musicien », ne pouvait être là.

La mer, en bas, était vide, et sur la côte apparaissaient, éparses, les demeures en massepain des nouveaux riches.

Dernière pause du voyage : quelques-uns de tes compagnons de fortune (ouvriers, commis, coiffeurs) t'avaient déjà précédé sans bruit, disparaissant de leur petit lit. Tu avais apporté avec toi quelques paquets de livres, tu les avais posés à la place du sac à dos d'autrefois : vieux livres inactuels, sauf un mince volume de poèmes que je pris et qui désormais restera chez moi, comme nous le devinâmes tous deux sans mot dire.

De la conversation, je ne me rappelle rien. Tu n'avais certes pas besoin de t'attacher aux questions suprêmes, aux universaux, toi qui avais toujours vécu comme tout le monde, en homme simple et silencieux. Exit Fadin. Dire à présent que tu n'es plus, c'est dire seulement que tu es entré dans un ordre différent, bien que celui où nous évoluons, nous les retardataires, si délirant soit-il, semble à notre raison le seul où la divinité puisse exercer ses attributs, se reconnaître et s'éprouver dans les limites d'un projet dont nous ignorons le sens. (Elle aussi, donc, aurait besoin de nous ? Si c'est un blasphème, nous en avons, hélas, commis de pires.)

Être toujours parmi les premiers et *savoir* : voilà ce qui compte, même si le pourquoi de la représentation nous échappe. Qui a reçu de toi cette haute leçon de *décence quotidienne* (la plus difficile des vertus) peut attendre sans hâte le livre de tes inédits. Ta parole peut-être n'était pas de celles qui s'écrivent.

IV

Flashes et dédicaces

NOËL MÉTROPOLITAIN

(Londres)

Un gui, grappe de foi, de givre, suspendue
dès l'enfance sur ton lavabo,
sur le miroir ovale où se projette l'ombre
de tes boucles *bergère* entre saints et portraits
d'enfants insérés un peu à la hâte
dans le cadre, une carafe vide,
de petits verres pleins de cendres et d'écorces,
les lumières de Mayfair, puis à un carrefour
les âmes, les bouteilles qui n'ont pas su s'ouvrir,
ni guerre ni paix, l'indolent froissement
d'un pigeon incapable de te suivre
sur la pente où l'escalier roulant te glisse…

SUR LA COLONNE LA PLUS HAUTE

(Mosquée de Damas)

Il devra se poser là-haut
le Christ justicier
pour dire sa parole.
Dans la pierraille des sept grèves, ensemble
s'humilieront corbeaux et fauvettes,
orties et tournesols.

Mais dans ce crépuscule tu étais toi, sur la cime :
sombre, les ailes entartrées, brisées
par les gels de l'Anti-Liban ;
et ton éclair changeait, encore, en gui les noirs
diadèmes des ronces, la Colonne
pour toi seule épelait la Loi.

VERS LE FINISTÈRE

Tandis que bramaient les cerfs dans l'ondée
d'Armor l'arc de ton sourcil s'est éteint
à la première ombre pour venir filtrer
sur l'aube, ce crépi où virevoltent
roues de cycles, fuseaux, fusées, franges
d'arbres agités. Peut-être n'ai-je d'autre preuve
que Dieu me voit et que par lui regardent
tes prunelles d'aigue-marine.

SYRIE

Au dire des anciens la poésie
nous élève vers Dieu. Peut-être n'est-ce pas
ainsi quand tu me lis. Mais je l'ai su le jour
où j'ai retrouvé pour toi la voix, fondu
dans un troupeau de nuages et de chèvres
dévalant un talus pour brouter l'écume
des épines et des joncs, et les visages émaciés
de la lune et du soleil se mêlaient,
j'étais en panne et une flèche
de sang sur un roc indiquait
le chemin d'Alep.

LUMIÈRE HIVERNALE

Lorsque je descendis du ciel de Palmyre
sur palmiers nains et propylées de sucre candi
et qu'à la gorge une griffe m'avertit
que tu m'enlèverais,

lorsque je descendis du ciel de l'Acropole
et trouvai, à des kilomètres, des paniers
de poulpes et de murènes
(la scie de leurs dents sur
le cœur qui se contracte !),
lorsque je quittai les cimes d'aurores

inhumaines pour le musée glacial
de momies et scarabées (seule vivante,
tu y étais mal) et vins comparer lave
et jaspe, sable et soleil, fange
et divine argile —
                                        à l'étincelle
qui jaillit je fus neuf et réduit en cendres.

POUR UN « HOMMAGE À RIMBAUD »

Tard sortie du cocon, admirable aile
de papillon qui d'une chaire effeuilles
l'exilé de Charleville,
ne va pas le suivre en son fulgurant
vol de perdrix grise, ni laisser tomber
plumes brisées, feuilles de gardénia
sur l'asphalte, glace noire !... Ton vol
sera plus terrible porté par
ce déploiement de pollen et de soie
dans le halo de pourpre auquel tu crois,
fille du soleil, esclave de sa première
pensée, qui désormais le domines là-haut...

V

Silvae

IRIS

Quand d'un coup Saint Martin effrite
ses braises et les attise au fond
de l'Ontario, sombre fourneau,
éclats de pommes de pin vertes dans la cendre
ou fumée d'une infusion de pavots
et sur le Suaire la Face ensanglantée
qui me sépare de toi ;

cela, et peu d'autres choses (si
[peu
est un signe de toi, un clignement, dans cette lutte
qui me pousse à travers un ossuaire, dos
au mur, où saphirs célestes
et palmiers et cigognes sur une patte ne peuvent pas
masquer l'atroce vision au pauvre
Nestorien égaré) ;

c'est tout ce qui de toi m'arrive du
[naufrage
des miens, des tiens, maintenant qu'un feu

glacé ramène au souvenir le sol
qui est le tien et que tu n'as pas vu ; dans mes doigts
je n'ai pas d'autre chapelet ; pas d'autre flamme
que celle-ci, de résine et de baies,
ne t'enveloppe.

. . . .

Cœur d'autrui n'est pas semblable au tien,
le lynx ne ressemble pas au bel angora
qui guette l'oiseau-mouche sur le laurier ;
mais les crois-tu pareils si tu te risques
hors de l'ombre du sycomore,
ou bien ce masque peut-être, sur le drap blanc,
cette effigie de pourpre, est-ce ce qui t'a guidée ?

Pour que ton œuvre (qui de la Sienne
est une forme) puisse fleurir dans la lumière d'autres
[âmes,
Iris de Chanaan, tu t'es évanouie
en ce nimbe de gui et de houx
que ton cœur conduit
dans la nuit du monde, au-delà du mirage
des fleurs du désert, tes sœurs.

Si tu apparais, tu me ramènes ici, sous la treille
de vignes chauves, contre l'embarcadère
de notre fleuve — et le bac ne revient pas en arrière,
le soleil de la Saint-Martin s'estompe, noir.
Mais si tu reviens tu n'es plus toi, changée
est ton histoire terrestre, tu n'attends pas
la proue lors de la traversée,

tu n'as pas de regards, ni d'hier ni de lendemain ;

car l'œuvre qui est Sienne (et qui en la tienne se transforme) DEVRA SE CONTINUER.

DANS LA SERRE

Un piétinement de taupes emplit
la serre des citronniers,
dans un chapelet de gouttes hésitantes
la faux à foin brilla.

Sur les coings s'alluma
un point, une cochenille,
on entendit se cabrer sous l'étrille
le poney — puis le rêve triompha.

Ravi et léger, j'étais imprégné
de toi, ta forme était en moi
souffle secret ; ton visage
dans le mien se fondait, et l'obscure

pensée de Dieu descendait
sur les rares vivants, parmi des sons
célestes et d'enfantins tambours
et d'aériens globes d'éclairs

sur moi, sur toi, sur les citrons...

L'ENCLOS

Je ne sais, messagère
qui descends, bien-aimée
de mon Dieu (du tien peut-être) si dans l'enceinte
d'azeroliers où gémissent
les roitelets au nid qui angoissent, le soir,
je ne sais si dans l'enclos
où pleuvent les glands, où derrière le mur
s'effilochent, aériennes, les guirlandes
de charmilles qui font pressentir
la ligne écumeuse de la houle, une voile
entre des couronnes d'écueils
noyés, très sombres ou plus brillants
que la première étoile qui pointe —

je ne sais si ton pas
étouffé, cauchemar aveugle qui m'élève
vers la mort, du jour où je t'ai vue,
je ne sais si ton pas qui fait battre les veines
s'il s'approche dans ce labyrinthe,
est le même qui m'a surpris, un autre été,
avant qu'une rafale
rasant le cap hérissé du Mesco
n'eût brisé mon miroir, —
je ne sais si la main qui m'effleure l'épaule
est celle qui jadis
sur le célesta répondait aux plaintes
d'autres nids, sortant d'un fourré maintenant brûlé.

L'heure de torture et de lamentations
qui fondit sur le monde,
l'heure que tu lisais évidente comme dans un livre,
ton dur regard de cristal
planté jusqu'au fond, là où d'âcres rideaux
de suie montant sur les éclairs
des forges cachaient au regard
l'œuvre de Vulcain,
ce jour d'Ire que plusieurs fois le coq
annonça aux parjures,
n'a pu te dissocier, âme indissociable,
du supplice inhumain, ni te fondre
dans la fournaise, cœur d'améthyste.

Ô lèvres muettes, desséchées par le long
voyage sur le sentier d'air
qui vous a portées, membres que je distingue
des miens avec peine, doigts qui apaisez
la soif des mourants, enflammez les vivants,
ô Dessein qui as créé hors de ta mesure
les aiguilles du cadran et qui t'épanches
en temps humain, en espace humain, en fureurs
de démons incarnés, en fronts angéliques
de celles que leur vol a précipitées... Si la force
qui guide le disque *d'ores et déjà gravé*
était autre, ton destin, certes, uni au mien
ne montrerait qu'un même sillon.

RIVAGE DE VERSILIA

Mes morts que je prie pour qu'ils prient
pour moi, pour mes vivants — et moi je demande
pour eux non une résurrection mais
l'accomplissement de la vie qu'ils menèrent,
inexpliquée, inexplicable, aujourd'hui
descendent plus rarement des horizons larges
lorsqu'une mêlée d'eaux et de ciel entrouvre
des fenêtres aux rayons du soir ; toujours
plus rarement un cotre aux ailes blanches
d'autour céleste les dépose sur la plage.

Jardins pleins de zinnias aux teintes artificielles
(des vieilles à la guimpe raide les arrosent,
le regard fermé au passant
qui ne cède pas à leurs mains sans pitié
son mal), cours pleines de broussailles
blanchies où s'il pénètre un chat
couleur moine des voix hargneuses
lui refusent les déchets ; décombres, terrasses plates
sur les maisons blotties le long d'une pente
ondulée de dunes et de parasols s'ouvrant
au soleil gris, sable qui ne sait pas nourrir
les arbres sacrés de mon enfance, pin
sauvage, figuier, eucalyptus.

À leurs ombres mes premières années furent denses,
lourdes de miel, encore qu'à l'abandon ;
à cette fraîcheur, même étendu

sous deux lambeaux de crêpe ponctués
de moustiques, quand je dormais dans la chambre
d'angle, près de la cuisine, pendant la nuit
encore ou bien au cœur d'une sieste
toute cigales, éblouissante jusque dans mon sommeil,
je devinais derrière le mur, sur l'évier,
des ombres chères qui massaient les murènes
pour en repousser vers la queue puis trancher
les arêtes ; à ce fort bruissement continuel
d'autres fantômes avec râteaux et cisailles
quittaient la pépinière
d'arbres nains pour les plantes vivaces
roussies et les plates-bandes avides d'eau.

Années de rocs, d'horizons resserrés
pour préserver des vies encore humaines,
des gestes connaissables, souffle
ou soupir final d'engloutis
semblables à l'homme ou voisins de lui jusque
par le nom : le poisson-prêtre, le poisson-hirondelle,
le homard — loup des nasses — qui
oublie ses pinces quand Alice
s'approche… et le vol d'acrobate
des rats familiers, d'un palmier
à l'autre ; temps qui fut mesurable
jusqu'au jour où s'ouvrit cette mer
infinie, de glaise et de scories.

EZEKIEL SAW THE WHEEL

Sortie du lierre enchevêtré
m'as-tu saisi, main étrangère ?
Je m'étais appuyé à la vasque
visqueuse, l'air était noir,
seule une veine d'onyx tremblait
au fond, tige sous la bourrasque.
Mais la main ne m'a pas lâché,
dans l'ombre elle s'est glacée
et l'averse qui a fondu
sur mes cheveux, sur les tiens
d'alors, trop ténus, trop lisses,
fouillait tenacement vers la trace
ensevelie en moi sous un amas,
sous une montagne de sable que j'avais
amoncelée dans mon cœur pour pouvoir
étouffer ta voix,
l'enterrer dans le cercle
étroit qui transforme tout,
elle raclait, mettait au grand jour
avec l'empreinte de tes mules
sur la boue durcie, l'éclat,
la fibre de ta croix
en bois pourri de vieilles
poutres brisées, le sourire d'une tête
de mort, surgi entre nous
lorsque la Roue menaçante apparut
en des reflets d'aurore, et que devenus sang

les pétales du pêcher sont descendus sur moi
et avec eux
ta griffe, comme à cette heure.

PRINTEMPS HITLÉRIEN

Non, celle qui pour voir le soleil se retourne...

(Dante [?] à Giovanni Quirini)

Dense, la nuée blanche des phalènes affolées
tourbillonne autour des lanternes blafardes, sur les
[remblais,
couvre la terre d'un linceul qui crisse
comme sucre sous le pied ; l'été imminent libère
maintenant le gel emprisonné
dans les carrières secrètes de la saison morte,
dans les enclos qui dévalent de Maiano jusqu'à ces
[sables.

Dans l'avenue est passé à tire-d'aile un messager
[d'enfer
au sein d'un « alala ! » de reîtres, une fosse mystique
[embrasée,
pavoisée de croix gammées l'a pris et englouti,
les vitrines se sont fermées, pauvres
et inoffensives bien qu'armées elles aussi
de canons et de jouets guerriers,
le boucher s'est barricadé qui fleurissait
de baies le museau des chevreaux sacrifiés,

le rite des tendres bourreaux ignorant encore le sang
s'est mué en un hideux rigodon d'ailes brisées,
de larves au bord du fleuve, l'eau poursuit l'érosion
des berges, et plus personne n'est innocent.

Tout pour rien, donc ? — les bouquets de fusées
multicolores, à Saint-Jean, qui lentement blanchis-
[saient
l'horizon, les gages, les adieux prolongés,
résolus comme un baptême dans l'attente lugubre
de la horde (mais une gemme raya l'air,
sur les glaciers et les rives de tes plages, les anges
de Tobie, les sept, instillaient une semence
d'avenir) et les héliotropes nés
dans tes mains — tout cela desséché, sucé
par un pollen qui grince comme le feu
avec des pointes de grésil...
Oh, ce printemps
meurtri est quand même fête, pourvu qu'il glace
en mort cette mort ! Regarde encore
là-haut, Clytie, là est ton sort, toi
qui l'amour inchangé en toi changée conserves,
jusqu'au jour où l'aveugle soleil que tu portes
s'obscurcira dans l'Autre et se détruira
en Lui, pour tous. Peut-être les sirènes, les cloches
qui saluent les monstres au soir
de leur sabbat, se confondent-elles déjà
avec le son qui, délié du ciel, descend vainqueur —
avec le souffle d'une aube qui demain pour tous
puisse renaître, blanche mais sans ailes
d'épouvante, sur les grèves brûlées du Sud...

VOIX QU'APPORTENT LES FOULQUES

Puisque le chemin parcouru, si je me retourne, est plus
[long
que le sentier de chèvres qui me mène
où nous fondrons comme cire,
et que les joncs fleuris n'apaisent pas le cœur
mais les verveines, sang des cimetières,
te voici hors des ténèbres
qui te retenaient, père, dressé face aux lueurs,
sans châle ni bonnet, au sourd frémissement
qui annonçait dans l'aube
de grandes barques de mineurs à demi submergées
par leur charge, noires sur les hautes vagues.

L'ombre qui m'accompagne,
vigilante, à ta tombe,
se pose sur une stèle et, d'un mouvement
altier de son front, qui dégage
ses yeux ardents et ses durs sourcils,
écarte une boucle enfantine,
l'ombre ne pèse pas plus que la tienne
ensevelie depuis longtemps ; les premiers rayons
du jour la transpercent, des papillons
vifs la traversent, la sensitive
l'effleure et ne se contracte pas.

L'ombre fidèle et le muet qui renaît,
celle qui libéra sa flamme interne

et celui que de longues années au-delà du temps
(années pour moi, charnel) désincarnent,
échangent des paroles que raidi
sur le bord je n'entends pas ; l'une peut-être
retrouvera la forme en laquelle brûlait
amour de Qui la mut et non de soi,
mais l'autre se trouble et craint
que le fantôme de mémoire qui le réchauffe
en ses enfants ne s'éteigne au nouvel élan.

— J'ai pensé pour toi, je me suis rappelé
pour tous. À présent tu regagnes le ciel libre
qui te transmue. Cette falaise te tente
encore ? Oui, le ressac est toujours
pareil, la mer qui t'unissait à mes plages avant
que des ailes ne me viennent,
ne se dissout pas. Je me les remémore, mes
rivages, et pourtant je viens avec les foulques
te détacher des tiens. Mémoire
n'est pas péché tant qu'elle sert. Ensuite
c'est léthargie de taupe, abjection

qui moisit sur elle-même... —
Le vent du jour
confond l'ombre vivante et l'autre ombre
rétive en cet air qui repousse
mes mains, et mon souffle se brise
au point dilaté, dans la fosse
qui encercle l'étincelle du souvenir.
Ainsi se dévoile avant de se lier
à des images, à des mots, obscure
réminiscence, le vide inhabité

que nous occupions et qui attend l'heure
de se combler de nous, de nous reprendre…

L'OMBRE DU MAGNOLIA

L'ombre du magnolia japonais
s'éclaircit à présent que ses fleurs violettes
sont tombées. Intermittente vibre
au sommet une cigale. Ce n'est plus
le temps des voix à l'unisson,
Clytie, le temps du dieu illimité
qui dévore et ranime ses fidèles.
Que s'offrir était plus facile, mourir
au premier battement d'ailes, au premier heurt
avec l'ennemi : un jeu. Maintenant s'ouvre
la voie la plus dure : mais ce n'est pas toi l'enracinée
que consume le soleil, grive
pourtant si douce qui survoles de haut les froides
grèves de ton fleuve — toi fragile —
fugitive pour qui zénith nadir cancer
capricorne restèrent indistincts
pour qu'en toi fût la guerre et en qui adore
sur toi les stigmates de ton Époux, que fléchit
le frisson du gel… Les autres reculent
et plient. La lime qui entaille
finement se taira, l'écorce vide
de qui chantait sera bientôt poussière
de verre sous le pied, l'ombre est livide —
c'est l'automne, c'est l'hiver, c'est l'outre-ciel

qui te conduit et où je me jette, muge
échoué d'un bond à la nouvelle lune.
Adieu.

COQ DE BRUYÈRE

Là où tu tombes après le coup de feu
(ta voix bouillonne, salmis
rouge-noir de ciel et terre à feu lent),
moi aussi je trouve refuge, je brûle moi aussi dans le
[fossé.

Le sanglot crie à l'aide. Il était plus doux
de vivre que de s'enfoncer dans ce magma,
plus facile de se défaire au vent
qu'ici dans la vase, boue durcie sur la flamme.

Je sens ta plaie dans ma poitrine, sous
un grumeau d'aile ; mon vol lourd
tâte un mur et seules restent de nous
quelques plumes sur l'yeuse givrée.

Combats de becs, amours, nids d'œufs
marbrés, divins ! Maintenant la gemme
des plantes vivaces, comme la chenille,
luit dans l'ombre, Zeus est sous terre.

L'ANGUILLE

L'anguille : sirène
des mers froides, quittant la Baltique
pour rejoindre nos mers,
nos estuaires, les fleuves
qu'elle remonte en profondeur, sous la crue adverse,
de bras en bras puis
de ruisseau en ruisseau, toujours plus fins,
toujours plus au-dedans, toujours plus au cœur
de la roche, se faufilant
dans les rigoles de vase jusqu'au jour
où un rayon jailli des châtaigniers
allume son éclair dans les mares d'eau morte,
dans les fossés qui descendent
des flancs de l'Apennin vers la Romagne ;
l'anguille, torche, cravache,
flèche d'Amour sur terre
que seuls nos ravines ou les ruisseaux à sec
des Pyrénées ramènent
aux paradis de fécondation ;
âme verte qui cherche
la vie là où n'est que morsure
de canicule et de désolation ;
étincelle disant
tout commence quand tout semble
se fossiliser, surgeons ensevelis ;
lueur irisée, jumelle
de celle qu'enchâssent tes cils
et que tu fais briller intacte parmi les fils
de l'homme, plongés dans ta boue : peux-tu
douter qu'elle soit ta sœur ?

VI

Madrigaux privés

Tu as donné mon nom à un arbre ? Ce n'est pas peu ;
pourtant je ne me résigne pas à rester ombre, tronc,
abandon en banlieue. Moi le tien
je l'ai donné à un fleuve, à un long incendie, au cruel
jeu de mon destin, à la confiance
surhumaine qui te faisait parler au crapaud
sorti de l'égout, sans horreur, pitié
ni allégresse, au souffle de cette lèvre
forte et douce, ta lèvre qui parvient,
d'un nom, à les créer : crapaud fleur herbe rocher —
chêne prêt à se déployer sur nous
quand la pluie dépollène les pétales
charnus du trèfle et que s'accroît ma flamme.

☆

Si l'on t'a comparée
à la renarde, ce doit être pour ta foulée
prodigieuse, pour l'envol de ton pas

qui unit et sépare, qui bouleverse
et raffermit le pavé (ton balcon,
les rues aux abords du Cottolengo, la pelouse,
l'arbre qui porte mon nom en frémissent,
heureux, moites et vaincus) — ou peut-être seulement
pour l'onde lumineuse que diffusent
tes yeux, tendres amandes,
pour la malice de tes prompts étonnements,
pour le déchirement
de plumes lacérées que provoque
ta main d'infante quand elle serre ;
si l'on t'a comparée
à un carnivore blond, au génie perfide
des fourrés (et pourquoi non à l'immonde
poisson qui donne cette secousse, la torpille ?),
c'est peut-être que les aveugles n'ont pas vu
sur tes épaules graciles tes ailes,
que les aveugles n'ont pu distinguer le présage
sur ton front incandescent, ce sillon
que j'y ai griffé jusqu'au sang : croix chrême
philtre sort vœu *vale*
perdition et salut ; s'ils n'ont pas su
te croire plus que belette ou belle,
qui partagera ma découverte,
où ensevelirai-je l'or que je porte,
où la braise qui grince en moi quand,
me quittant, tu te retournes sur les marches ?

LES PROCESSIONS DE 1949

Éclairs de chaleur juste à la séparation,
heure livide embrumée,
puis un halo encore pire, un grondement
de roues, de plaintes depuis les premières
rampes de la colline,
un vomissement de foule, un âcre relent infectant
le sol qui nous est consacré,

n'était-ce
pour ton écart sur l'eau, *in vitro,*
dans une bulle de savon et d'insectes.

Qui ment encore, qui gémit ? Ce fut ton instant
de toujours, depuis que tu es apparue.
Ta vertu furieusement angélique
a chassé de son gant les pèlerins
mariaux, Cybèle, les Corybantes.

D'UN LAC SUISSE

M a renarde, un jour je fus moi aussi « poète
A ssassiné » : là où les noisetiers
R asés par un feu de joie forment grotte ;
I ssu de cette tanière un cercle d'or pur,
A llumant ton visage, descendait
L entement son chemin pour atteindre
U n nimbe où s'estomper ; et j'étais là, anxieux,

I mplorant la fin sur ce profond
S igne de ta vie manifeste, amère,
A trocement fragile et pourtant forte.

S erait-ce toi qui brilles dans l'ombre ? Au creux de ce
[sillon
P alpitant, sur une piste incandescente,
À tire-d'aile derrière les légers
Z igzags de ta patte de rapace (empreinte presque
I nvisible, en étoile) moi, l'étranger,
À nouveau je fonce ; et l'envol d'un canard
N oir, tout en bas du lac, jusqu'au nouvel
I ncendie m'ouvre la route et vient brûler.

ANNIVERSAIRE

Depuis le temps de ta naissance
je suis à genoux, ma renarde.
C'est depuis ce jour que je sens
le mal vaincu, mes fautes expiées.

Longtemps a brûlé une flamme ; sur ton toit,
sur le mien, j'ai vu déborder l'horreur.
Jeune tige, tu grandissais ; et moi, à la fraîcheur
des trêves, je guettais ton plumage.

Je reste à genoux : le don qui fut mon rêve
non pour moi mais pour tous
appartient à moi seul, Dieu séparé
des hommes, du sang coagulé
sur les hautes branches, sur les fruits.

VII

Conclusions provisoires

PETIT TESTAMENT

Cette lueur qui veille la nuit
dans la calotte de ma pensée,
trace nacrée de limace
ou poussière de verre écrasé,
n'est pas lampe d'église ou d'usine
qu'alimente,
rouge ou noir, un clerc.
Moi je ne peux te laisser
que l'irisé en témoignage
d'une foi qui fut combattue,
d'une espérance qui brûla, plus lente
qu'une souche dure dans l'âtre.
Conserves-en la poudre dans ton miroir
quand, toute lampe éteinte,
la sardane deviendra infernale
et qu'un Lucifer ténébreux descendra sur une proue
de la Tamise, de l'Hudson, de la Seine,
en secouant ses ailes de bitume à moitié

brisées de fatigue, pour te dire : il est l'heure.
Ce n'est pas un héritage, ni un porte-bonheur
pouvant résister au choc des moussons
sur le fil d'aragne de la mémoire,
mais une histoire ne dure que dans la cendre
et seul s'éteindre est persister.
Le signal était juste : qui l'a perçu
ne pourra manquer de te retrouver.
Chacun reconnaîtra les siens : l'orgueil
n'était pas fuite, ni l'humilité
veulerie, l'éclair ténu craqué là-bas
n'était pas celui d'une allumette.

LE RÊVE DU PRISONNIER

Aubes et nuits varient ici par peu de signes.

Les zigzags d'étourneaux sur les beffrois
aux jours de bataille, mes seules ailes,
un filet d'air polaire,
l'œil du gardien-chef dans le judas,
crac de noix écrasées, un huileux
grésillement de friture au sous-sol, d'imaginaires
ou réels tournebroches — mais la paille est de l'or,
la lanterne vineuse un foyer
quand je dors et me crois à tes pieds.

La purge dure depuis toujours, sans explication.
Ils disent que celui qui abjure et signe
peut se sauver de cette extermination d'oies ;

que celui qui s'accuse, mais trahit
et vend la chair des autres, se saisit du manche
au lieu de finir dans le *pâté*
destiné aux Dieux pestilentiels.

Lent d'esprit, couvert de plaies
par mon grabat d'aiguilles, je me confonds
avec le vol d'une mite que ma semelle
réduit en poussière sur le plancher,
avec les changeants kimonos de lumière
que l'aurore étend sur les donjons,
j'ai humé dans le vent le roussi
des couronnes sortant des fours,
j'ai regardé autour de moi, j'ai suscité des arcs-
en-ciel sur horizon de toiles d'araignées
et des pétales sur les barreaux des grilles,
je me suis levé, je suis retombé
dans le fond où une minute vaut un siècle —

et les coups se répètent et les pas,
et j'ignore encore si au festin
je serai farcisseur ou farci. L'attente est longue,
mon rêve de toi n'a pas de fin.

IV

Satura

DIRE *TU*

Dépistés par moi,
les critiques le répètent :
dite *tu,* chez moi, est une institution.
Sans cette faute de ma part ils auraient su
qu'en moi plusieurs font un, même s'ils apparaissent
multipliés par les miroirs. Le mal,
c'est que l'oiseau pris dans la palombière
ne sait plus s'il est lui ou l'un de ses trop
nombreux doubles.

DU TAC AU TAC I

1

« Arsenio (m'écrit-elle) ici, seule en mes flâneries
[d'Asolo
parmi mes noirs cyprès je pense :

l'heure est venue de suspendre
cette suspension que tu désirais tant,
pour moi, des illusions du monde ; il est temps
de déployer les voiles et de suspendre
l'*époché*.

Ne dis pas : la saison est noire, même les tourterelles
aux ailes frémissantes se sont envolées vers le sud.
Je ne peux plus vivre de souvenirs.
Mieux vaut la morsure du gel que chez toi, tard [réveillé,
cette torpeur de somnambule. »

(Lettre envoyée d'Asolo.)

2

À peine sorti de l'adolescence
la moitié de ma vie je fus jeté
dans les écuries d'Augias.

Non, je n'y ai pas trouvé deux mille bœufs, jamais
je n'y ai pu voir d'animaux ;
dans ces couloirs pourtant, toujours plus encombrés
de fumier, on marchait avec peine,
le souffle vous manquait ; mais les mugissements [humains
y enflaient de jour en jour.

Lui, on ne le vit jamais.
Cependant la piétaille l'attendait
pour le « présentez armes ! » ; entonnoirs débordants,

épieux et grandes fourches, brochette fétide
de paupiettes. Pourtant
pas une fois Lui ne fit voir
le bord de son manteau, le haut de sa couronne
derrière les bastions d'ébène, fécaux.

Puis d'année en année — mais qui comptait encore
les saisons dans ces ténèbres ? — quelque main
s'aventurant vers d'invisibles soupiraux
y vint glisser son mémento : boucle
de Gerti, grillon en cage, dernière trace
du passage de Liuba, microfilm
d'un sonnet euphuiste échappé
des doigts de Clytie endormie,
tic-tac de sabots (la servante
boiteuse de Monghidoro)
quand des meurtrières, pour
[finir,
une rafale de mitraillette nous refoulait,
terrassiers harassés pris en faute
par la tourbe armée de la bourbe.

Enfin ce fut le plongeon : l'incroyable.

Pour nous délivrer, fermer l'inextricable
réseau de galeries en un lac, un instant suffit
à l'Alphée détourné. Qui l'attendait
encore ? Quel sens avait cette nouvelle
mélasse ? et de respirer d'autres relents
tout pareils ? et de tournoyer au-dessus de radeaux
d'excréments ? était-ce le soleil, cette infecte
coulée de purin sur les cheminées, comme un appât,
étaient-ce donc des hommes,

de vrais hommes vivants,
ces grosses fourmis aux débarcadères ?
. . . .
(Je pense
que sans doute tu ne me lis plus. Oui, mais
à présent tu sais tout de moi,
ma captivité, ce qui l'a suivie ;
oui, tu le sais, l'aigle ne peut naître
de la souris.)

Xenia

I

1

Cher petit insecte
qu'on appelait, je ne sais pourquoi, la Mouche,
ce soir, dans la nuit presque,
je lisais le Second Isaïe
et tu as reparu à mes côtés :
mais tu n'avais pas de lunettes,
tu ne pouvais pas me voir
et moi je ne pouvais, sans ce miroitement,
te reconnaître dans ma brume.

2

Sans lunettes ni antennes,
pauvre insecte n'ayant
d'ailes qu'imaginaires,
une Bible fatiguée et même peu digne

de foi, le noir de la nuit,
un éclair, le tonnerre et puis
aucun orage. Serait-ce
que tu étais partie si vite sans
un mot ?... Mais quel ridicule,
que de te prêter encore des lèvres.

3

Au Saint-James de Paris je devrai demander
une chambre « individuelle ». (On n'aime pas
les clients dépareillés.) Et de même
dans la fausse Byzance de ton hôtel
vénitien ; pour chercher aussitôt
le réduit des téléphonistes,
tes amies de toujours ; puis repartir,
à bout de charge mécanique,
de mon désir de te ravoir, oh rien
qu'en un seul geste, une habitude.

4

Nous avions étudié pour l'au-delà
un sifflement, signe de reconnaissance.
J'essaie de le moduler, je nous vois
tous déjà morts sans le savoir.

5

Je n'ai jamais compris si c'était moi
ton fidèle chien morveux
ou toi le mien.
Pour les autres, non, tu étais un insecte myope
égaré dans le bla-bla-bla
de la haute société. Bien naïfs,
ces malins ignorant
n'être, eux, que ton jouet :
être vus jusque dans le noir, démasqués
par ce sens infaillible, par ton radar
de chauve-souris.[1]

9

Écouter était ta seule façon de voir.
La note de téléphone s'est réduite à bien peu.

12

Le grillon de Strasbourg, nocturne, avec sa vrille
dans une fissure de la cathédrale ;
la *Maison Rouge* et le barman qui te glissait des mots
[en basque,

Ruggero claudicant et un peu gris ;
Striggio de nationalité incertaine, picoreur
de nouvelles et de hors-d'œuvre, trompé par une
[Turque
(son nez rubicond de pudeur
à la moindre allusion, le regard fuyant
une *addition* inéluctable)
te revinrent-ils « alors » ? Peut-être des *nugae*
plus minces encore. Mais tu as dit seulement
« prends ton somnifère » : le dernier
de tes mots, pour moi.

13

Ton frère mourut jeune ; tu étais
l'enfant ébouriffée qui me regarde, figée
« en pose » dans un portrait ovale.
Il composait de la musique sans éditeur ni auditeurs,
aujourd'hui enfouie dans une malle ou partie
au pilon. Quelqu'un, peut-être, la réinvente
sans le savoir : ce qui est écrit reste écrit.
Je l'aimais sans l'avoir connu.
Hormis toi nul ne s'en souvenait.
Je n'ai pas enquêté : à quoi bon ?
Après toi je reste le seul
pour lequel il ait existé. Oui, tu le sais,
on peut aimer une ombre, ombre soi-même.

14

On dit ma poésie
poésie d'inappartenance.
Mais elle appartenait à quelqu'un : toi,
toi qui n'es plus forme, mais essence.
On dit que la poésie à son sommet
magnifie le Tout en fuite,
on nie que la tortue
soit plus rapide que la foudre.
Toi seule savais que le mouvement
n'est pas différent de la stase,
que le vide est le plein, qu'un ciel pur
est le plus diffus des nuages.
Ainsi je comprends mieux ton long voyage,
prisonnière des bandages et du plâtre.
Et pourtant ne me laisse pas en repos
l'idée que, seul ou à deux, nous ne sommes qu'une
[seule chose.

II

(autres Xenia)

1

La mort ne te regardait pas.
Tes chiens aussi étaient morts, mort
le médecin des fous surnommé l'oncle dément,
mortes ta mère et sa « spécialité »
de riz et de grenouilles, triomphe milanais ;
et mort ton père qui dans un mini-cadre
soir et matin me surveille sur le mur.
Malgré tout la mort ne te regardait pas.

Aux enterrements c'est moi qui devais aller,
caché dans un taxi, me tenant à distance
pour éviter larmes et importuns. La vie non plus
ne t'importait pas, avec ses foires
aux vanités, aux convoitises, et moins encore
les chancres mondiaux qui transforment
les hommes en loups.

Tabula rasa : totale, sauf qu'il y avait
un point que je ne pouvais comprendre,
et ce point-là *te regardait.*

3

Nous l'avons longtemps regretté, ce chausse-pied,
cette demi-corne rouillée en fer-blanc qui nous
accompagnait partout. Il semblait déplacé d'apporter
parmi les similors et les stucs cette horreur.
Au Danieli j'ai oublié sans doute
de le ranger dans la valise ou dans la trousse.
Hedia, la femme de chambre, l'a certainement jeté
dans le Grand Canal. Comment aurais-je osé
écrire pour réclamer ce bout de ferraille ?
Puisqu'il fallait sauver *notre* prestige,
ce fut l'œuvre de Hedia la fidèle.

5

J'ai descendu, en te donnant le bras, plus d'un million
[d'escaliers,
et maintenant que tu n'es plus là c'est le vide à chaque
[marche.
Même ainsi notre long voyage a été court.
Le mien dure encore, et je n'ai plus besoin
des correspondances, des réservations,
des embûches, des déboires de qui croit
que la réalité est celle qu'on voit.

J'ai descendu des millions d'escaliers en te donnant le
[bras,
et non parce que quatre yeux y voient sans doute
[mieux.
C'est avec toi que je les ai descendus, sachant que, de
[nous deux,
les seules vraies pupilles, malgré leur épais voile,
c'étaient les tiennes.

12

Les faucons,
toujours trop loin pour ton regard,
tu les as rarement vus de près.
L'un, à Étretat, qui surveillait
le vol pataud de ses petits.
Deux autres, en Grèce, sur le chemin de Delphes,
une seule mêlée de plumes soyeuses, deux jeunes becs
hardis, inoffensifs.

Tu aimais la vie mise en lambeaux,
celle qui jaillit et brise sa trame
insupportable.

13

J'ai accroché dans ma chambre le daguerréotype
de ton père enfant : il a plus d'un siècle.
Faute du mien, si confus,

je cherche à reconstituer ton *pedigree*, en vain.
Nous ne sommes pas des chevaux, nos ascendants
ne figurent pas dans les almanachs. Ceux qui ont
[présumé
connaître les leurs n'existaient pas eux-mêmes,
pas plus que nous pour eux. Et alors ? Reste pourtant
que quelque chose est arrivé, un rien peut-être
qui est tout.

14

L'inondation a englouti le *pack* de meubles,
de papiers, de tableaux entassés
dans un sous-sol fermé à double tour.
Sans doute ont-ils lutté à l'aveuglette, les maroquins
rouges, les interminables dédicaces de Du Bos,
le cachet de cire portant la barbe d'Ezra,
le Valéry d'Alain, l'original
des *Chants Orphiques* — et puis quelques blaireaux
à barbe, mille babioles et toute la musique
composée par ton frère Silvio.
Dix, douze jours sous l'atroce morsure
de fioul et d'excréments. Comme ils ont dû souffrir
avant de perdre leur identité.
Moi aussi je suis jusqu'au cou dans une carapace de
[boue car mon
état-civil fut discutable dès l'origine.
Le flot bourbeux ne m'a pas assiégé, mais les faits
d'une réalité incroyable, jamais crue.
En face d'eux mon courage était
le premier de tes prêts, peut-être à ton insu.

Satura

I

L'HISTOIRE

1

L'histoire ne se déroule
pas comme une chaîne
d'anneaux ininterrompue.
Quoi qu'il en soit
bien des anneaux ne tiennent pas.
L'histoire ne contient
ni l'avant ni l'après,
rien en elle qui ronronne
à feu doux.
L'histoire n'est pas produite
par qui la pense, ni même
par qui l'ignore. L'histoire
ne fraie pas son chemin, s'obstine,
déteste le peu à peu, ne progresse
ni ne régresse, change de rails,
et sa direction ne figure
pas dans l'horaire.

L'histoire ne justifie
ni ne déplore,
l'histoire n'est pas intrinsèque,
puisque en dehors.
L'histoire n'administre
ni caresses ni coups de fouet.
L'histoire ne nous enseigne
rien qui nous concerne.
En prendre conscience ne sert pas
à la rendre plus vraie et plus juste.

2

Et l'histoire n'est pas
la décapeuse dévastatrice qu'on dit.
Elle laisse des souterrains, des cryptes, des cavités
et des cachettes. Certains survivent.
L'histoire est même bienveillante : elle détruit
tout ce qu'elle peut : si elle exagérait, certes
cela vaudrait mieux, mais l'histoire, à court
de nouvelles, n'accomplit pas toutes ses vengeances.

L'histoire gratte le fond
comme traînant son chalut
troué par endroits — plus d'un poisson s'échappe.
Quelquefois on rencontre l'ectoplasme
d'un rescapé : il ne semble pas particulièrement heu-
[reux.
Il ignore qu'il est dehors, personne ne le lui a dit.
Les autres, tombés dans le filet, se croient
plus libres que lui.

LA MORT DE DIEU

Toutes les religions du Dieu unique
n'en font qu'une : seuls varient cuisiniers et cuissons.
Ainsi ruminais-je : pour m'interrompre quand
tu glissas vertigineusement
dans l'escalier en colimaçon de la Périgourdine
et en bas tu pouffais de rire.
Quelle bonne soirée ce fut, avec tout juste
un instant de frayeur. Le pape aussi
dit la même chose en Israël
mais s'en mordit les lèvres quand il apprit
que le Grand Marginal, s'il existe,
était périmé.

L'ENFUMÉ

Que de fois t'ai-je attendue à la gare,
dans le froid, dans le brouillard. Je faisais les cent pas,
toussotant, achetant des journaux innomables,
fumant des Juba qu'a supprimées ensuite
le ministre des tabacs, l'imbécile !
Peut-être le mauvais train, un train dédoublé ou
[encore
annulé. Je scrutais les chariots
des porteurs pour voir si par hasard
s'y trouvaient tes bagages, et toi derrière, en retard.

Enfin tu apparaissais, bonne dernière. Souvenir parmi tant d'autres. Il me poursuit en rêve.

LA POÉSIE

1

L'angoissante question
(inspiration à froid, à chaud ?)
n'appartient pas à la science thermique.
Le *raptus* ne produit pas, le vide ne conduit pas,
nulle poésie au sorbet ou au tournebroche.
Il s'agira plutôt de mots
fort importuns
qui ont hâte de sortir
du four ou du congélateur.
Le fait n'importe guère. À peine dehors,
ils regardent autour d'eux et ont l'air de se dire :
qu'est-ce que je fais ici ?

2

Avec horreur
la poésie refuse
les gloses des scoliastes.
Mais il n'est pas certain que, trop muette,
elle suffise à elle-même
ou à l'accessoiriste tombé sur elle
sans savoir qu'il en est
l'auteur.

II

DERNIERS TIRS

Moucheron, mouchette, ces noms
ne convenaient pas toujours à ton caractère
doucement tenace. Grâce au secours de l'art
de Stanislaus nous avions donc tranché
pour *hellish fly*. Tu volais bien peu quand,
cuirassée de plâtre, enfumée
par un poêle à pétrole, tu étais la proie
de qui ne vint pas, retardant le guet-apens.
Aucun enfer
là-dedans : rien que des tirs qui, de Fiésole,
frôlaient la terrasse, batterie
de concert, et non guerre. La paix vint
quand tu bondis, marionnette qu'actionnait
un ressort, chercher dans une corbeille
la dernière figue sèche.

LE REVENANT

. . .
quatre syllabes, le nom d'un inconnu
que tu n'as plus jamais revu, mort sans aucun doute.
Un peintre, c'est sûr : il t'a même fait la cour,
tu l'admettais, mais à peine : un timide.
Nous en avons parlé voilà bien des années ; puis
tu n'étais plus là, j'ai oublié son nom.
Or voici une revue clandestine publiant
des visages, des peintures d'artistes « fauchés en fleur »
au début du siècle. Il y a là un de ses tableaux,
affreux, mais sait-on jamais ? demain ce sera un chef-
[d'œuvre.
Tu as peut-être été sa Clytie
sans le savoir. Je ne m'en réjouis pas.
Je me demande pourquoi les fils de deux écheveaux
se sont tant embrouillés ; et si ce fantôme n'est pas
l'original perdu, et moi, son fac-similé.

LE TEMPS ET LES TEMPS

Le temps n'est pas unique : plusieurs rubans
glissent, parallèles,
souvent en sens contraire et rarement
s'entrecroisent. C'est quand se révèle
la seule vérité que, dévoilée,

elle est aussitôt biffée par qui surveille
engrenages et aiguillages. Puis on replonge
dans le temps unique. Mais ce fut l'instant
où les rares vivants se sont reconnus
pour se dire, non au revoir, mais adieu.

☆

Je vois un oiseau immobile sur la gouttière,
on croirait un pigeon, mais plus élancé,
une vague touffe sur la tête — ou le vent, peut-être,
qu'en sait-on, les vitres sont fermées.
Si tu le vois toi aussi quand t'éveillent
les hors-bord, c'est tout ce qu'il nous est
donné de savoir sur le bonheur.
Il coûte trop cher, il n'est pas pour nous, qui le détient
ne sait qu'en faire.

LA BELLE DAME SANS MERCI

Certes les mouettes cantonales ont attendu en vain
les miettes de pain que je lançais
sur ton balcon pour te faire entendre
même murée dans ton sommeil leurs cris.

Aujourd'hui nous manquons tous deux au rendez-
[vous

et notre *breakfast* gèle parmi des piles,
pour moi de livres inutiles, pour toi de je ne sais
quelles reliques : calendriers, étuis, fioles, crèmes.

Stupéfiant ton visage s'obstine encore, il tranche
sur les toiles de chaux du matin ;
mais une vie sans ailes ne l'atteint pas, son feu
étouffé n'est qu'une lueur de briquet.

DU TAC AU TAC II

1

« Le solipsisme, comme on dit, n'est pas ton fort.
Si c'était vrai tu serais ici, enlisé
dans ce Capri nordique où les vedettes
qui vrombissent empêchent le sommeil
dès la pointe de l'aube. L'époque est passée
du Monte Verità, de ses nudistes,
des hiérophantes kulturels un tantinet
ambivalents, ou pire. Pourtant, tu vas frémir,
mais ici quelque chose, je ne sais quoi, tiens encore. »

(Lettre envoyée d'Ascona, Suisse)

2

Diaphane comme un voile la feuille morte
qu'une grosse fourmi pousse sur le pavé de briques
abrite des voyageurs pressés de monter et descendre.

Penché sur craquelures et fentes de terrain
je suis entomologiste-écologiste de moi-même.
Le mont que tu regrettes, je l'ai gravi
à pied, valise en main, jusqu'à mi-pente.
Il ne promettait rien de bon, mais j'ai trouvé logis
lit choucroute et saucisses au bord du lac.
Je vivais alors en quête de sornettes
à vendre. En l'occurrence, un musicologue
octogénaire, sourd, célèbre, inconnu de moi
et des indigènes, presque introuvable.
Je le dénichai, revins chargé de nouvelles,
j'escomptais l'accueil réservé aux as
de la spéléologie.
À présent tout a changé, une fourmilière
en vaut une autre, mais celle où je suis m'attire plus.
Autrefois, tu le sais, j'ai dit à la femme myope
qui portait mon nom et qui, où qu'elle soit, le porte
[encore :
nous sommes deux épreuves,
deux placards fautifs que le Prote
n'a pas honorés d'un regard. Quel lapsus monstre,
aussi, je le suppose, que cette Américaine de Brunnen
dont nous avons ensuite lu le suicide.
Vivant parmi des millions d'inachevés, pour elle
il n'y avait pas d'autre choix. Elle le disait,
chacun, à sa manière,
tente de passer au-delà : au-delà de quoi ?
J'évoquais Porphyre : les âmes des sages
peuvent survivre. Ces rares élus
pensent voient aiment sans yeux
ni corps ou forme aucune. Ils se passent
de temps et d'espace, imputrescibles
avares (le grec n'a pas

dit cela, il n'y a pas lieu de le lire).
Si pingres ? Pour nous il n'existait
nul coffret de sûreté où préserver
la dernière chandelle vacillante.
Si le lumignon se trouvait près de s'éteindre,
ensuite ne restait que le noir.
Non pas pour tous, Porphyre, mais pour nous,
moules encapsulées sur un rocher.
À présent je n'attends même plus
qu'un coup de marteau me délivre.

. . . .

Si tu pouvais me voir tu dirais
que rien n'est rocheux dans cette sablière
mouchetée d'estivants polychromes,
et moi au milieu, le plus arlequin de tous.
Mais à son tour le soir survient,
réconcilie, conclut. On se sent mieux.
Tard dans la nuit j'ôte l'alliance de mon petit doigt,
sur la peau bronzée reste un mince cercle pâle.
Ne crois pas que je pousse la pénitence à l'extrême
par goût d'évanescences et de délectations moroses.
Dans l'ombre et le ressac je ne plonge plus, je résiste
bien vivant sur la rive, je me suffis
comme jamais auparavant. Question
d'orgueil et de tempérament. Je suis attentif à tout. Au
[besoin,
des spirales fumigènes tentent de m'épargner
les piqûres des moustiques tellement plus vifs que moi.

☆

J'éprouve le remords d'avoir écrasé
le moustique sur le mur, la fourmi
sur le sol.
J'éprouve du remords, mais me voici en costume
[sombre
pour le congrès, la réception.
J'éprouve de la douleur pour tout, même pour l'ilote
qui m'octroie des conseils de participation,
douleur pour le gueux à qui je refuse l'aumône,
douleur pour le dément qui préside le conseil
d'administration.

TARD DANS LA NUIT

Le colloque avec les ombres
ne se fait pas au téléphone.
Sur nos dialogues muets ne se montre
ni « girafe » ni haut-parleur.
Les mots eux aussi pourtant servent
lorsqu'ils ne nous regardent pas,
captés quand se trompe une standardiste
et adressés à quelqu'un
qui n'est pas là,
qui n'entend pas.
Une fois ils sont venus de Vancouver

tard dans la nuit
or j'attendais Milan. Je fus surpris,
d'abord, puis j'espérais la suite
de l'équivoque. Une voix du Pacifique,
l'autre de la lagune. Cette fois-là
ont parlé deux voix libres comme jamais.
Puis rien n'est arrivé, nous avons assuré
l'intruse des services que tout était parfait,
régulier et pouvait continuer,
devait, même. Jamais nous n'avons su
sur quelles épaules allait peser le prix
de ce miracle.
Mais je n'en ai pas retenu un mot.
Le fuseau horaire n'était pas le même, l'autre
voix n'était pas là, je n'y étais pas pour elle,
les langues aussi se mêlaient, *olla*
podrida de jargons, de jurons et de rires.
Désormais depuis tant d'années l'autre voix
a oublié, peut-être me croit-elle mort.
Pour moi, je crois qu'elle l'est. Elle a vécu
un instant au moins, sans rien en savoir.

BAFOUILLER

Bafouiller, se bloquer
est nécessaire
pour éveiller la langue
de sa torpeur.
Mais le bégaiement ne suffit pas,
même s'il fait moins de bruit

il tombe en panne aussi. Il faudra donc
se résigner
à ne parler qu'à demi. Un jour
quelqu'un parla intégralement,
fut incompréhensible. Certes
il croyait être le dernier
à parler. Pourtant on a vu
que tous parlent encore
et le monde
est muet depuis lors.

DIVINITÉS INCOGNITO

On dit
que, des divinités terrestres parmi nous,
on en rencontre de moins en moins.
Bien des personnes doutent
de leur existence sur cette terre.
On dit
qu'en ce monde, ou là-haut, il n'en est qu'une, ou
[aucune ;
on croit
que les sages anciens furent tous fous,
esclaves de sortilèges s'ils estimaient
que quelque dieu incognito
venait les voir.

Moi je dis
que des immortels, invisibles
aux autres, inconscients peut-être

de leur privilège,
déités en futaine et musette,
prêtresses en *gabardine* et sandales,
pythies pensives dans la fumée d'un grand feu de pin,
égéries-ectoplasmes non irréelles, tangibles,
intouchées,
j'en ai vu plusieurs fois,
mais j'étais trop lent quand je tentais
de les démasquer.

On dit
que les dieux ne descendent pas ici-bas,
que le créateur ne fait pas de chute en parachute,
que le fondateur ne fonde pas car personne
ne l'a jamais fondé ou fondu,
et que nous ne sommes que des erreurs
de son nullifiant magistère ;

pourtant
si une divinité, même de rang infime,
m'a frôlé,
un frisson m'a tout dit : n'empêche,
je n'arrivais pas à la reconnaître, et cet être
inexistant s'évanouissait.

L'ANGE NOIR

Ô grand ange noir
couvert de suie abrite-moi
sous tes ailes,

que je puisse survoler en rase-mottes
les ronces-dents de peigne, les fourneaux-luminaires,
et m'agenouiller
sur les tisons éteints, pourvu
qu'y reste une frange
de ton plumage

ô petit ange ténébreux,
ni céleste ni humain,
ange qui transparais
et te fais translucide, difforme
et multiforme, semblable
et dissemblable dans les brefs éclairs
de ton incompréhensible fabulation

ô ange noir dévoile-toi
mais sans me tuer par ton éclat,
sans dissiper la brume qui t'auréole,
imprime-toi dans ma pensée
car pas un œil ne résiste aux phares,
ange de charbon, toi qui t'abrites
dans le châle de la marchande de marrons

grand ange d'ébène
ange sombre
ou blanc, si, las d'errer,
je te prenais une aile et la sentais
craquer
je ne pourrais te reconnaître comme je le fais
dans le sommeil, dans la veille, le matin
car, entre le vrai et le faux, pas un chas d'aiguille
ne peut retenir bipède ou chameau,
et le brûlé, le grumeau

qui reste au bout des doigts
est moins que la poussière
soulevée par ta dernière plume, grand ange
de cendre et de fumée, mini-ange
ramoneur.

L'ARNO À ROVEZZANO

Les grands fleuves sont l'image du temps,
cruelle, impersonnelle. Observés d'un pont
ils étalent leur néant inexorable.
Seul, méandre indécis, quelque marais
couvert de joncs, quelque nappe d'eau
luisant dans l'épaisseur des broussailles et de la mousse
peut révéler que l'eau, comme nous, se pense
avant de se faire tourbillon ravageur.
Tout ce temps est passé, rien ne s'est écoulé
depuis l'époque où je te chantais au téléphone « toi
qui fais l'endormie » avec le triple éclat de rire canaille.
Ta maison, un éclair vu du train. Penchée
sur l'Arno comme l'arbre de Judée
voulant la protéger. Elle existe peut-être encore
ou n'est plus que ruine. Envahie
d'insectes, me disais-tu, inhabitable.
C'est un autre confort qu'il nous faut maintenant, un
[autre
inconfort.

ON ALLAIT...

On allait aux champignons
sur les tapis de mousse
des châtaigniers.

On allait aux grillons
et les lucioles
nous servaient de lanternes.

On allait aux lézards
et jamais je n'en ai
tué un seul.

On allait sur les fourmis
et j'ai toujours évité
de les écraser.

On allait à l'abécédaire,
au bourrage primaire
second — tertiaire, mortuaire.

On allait sur des pistes de malheur
et je n'en ai jamais été
collectionneur.

On allait pour prendre sa gamelle,
un travail,
son congé, signer l'avis de résidence surveillée,
chercher sa mauvaise fortune.

On n'allait plus aux champignons
mais pour parcourir le temps long
d'un âge plus sûr,
que dis-je, aucun temps
car il n'y avait nul trou
dans la serrure.

LES HOMMES
QUI SE RETOURNENT

Probablement
n'es-tu plus celle que tu as été
et c'est bien juste ainsi.
Il a gratté à fond, le papier émeri,
et sur nous toutes les lignes s'amenuisent.
Pourtant quelque chose fut écrit
sur les pages de notre vie.
Les mettre à contre-jour serait grossir ce signe,
former un hiéroglyphe plus grand que le diadème
qui t'éblouissait.
Tu n'apparaîtras plus à la porte
de l'aéroglisseur ou venant de fonds d'algues,
toi qui plongeais dans les rapides boueux
pour donner un sens au néant. Tu descendras
l'escalier roulant des temples de Mercure
parmi des cadavres masqués,
toi la seule vivante,
et sans me demander
si ce fut illusion, choix, communication,

et qui de nous était le centre
qu'on vise à l'arc, au tir forain.
Moi non plus je ne me le demande pas. Je suis
celui qui, un seul instant, a vu : cela suffit
à qui chemine en colonne comme
nous aujourd'hui si nous sommes encore
en vie ou si ce fut illusion de le croire. On glisse.

JE SUIS VENU AU MONDE

Je suis venu au monde en saison calme.
Bien des portes s'ouvraient, aujourd'hui fermées.
L'*Alma Mater* dormait. Qui a décidé
de la réveiller ?

Pourtant
les ouragans ne furent pas si terribles, ensuite,
car on pouvait encore aller, se tenir par la main,
se reconnaître.

Et s'il n'était pas facile d'évoluer parmi les héros
de la guerre, du vice, du mauvais sort,
ils avaient un visage : aujourd'hui, plus moyen
d'éviter les pièges. Il y en a trop.

Les innombrables fermetures et ouvertures
peuvent avoir un sens pour qui est du seul
côté qui compte, celui du marionnettiste.
Mais lui ne demande pas de collaborer
à qui ne connaît ni ses fins ni son art.

Et qui est de ce côté ? S'il existe, je crois
qu'il s'ennuie plus que nous. À l'aide d'autres yeux
nous en verrions plus d'un se promener
parmi nous avec moins d'ennui et plus de dégoût.

LES SAISONS

Mon rêve n'est pas dans les quatre saisons.

Pas dans l'hiver
qui pousse vers des radiateurs fatigués
et poudre de glaçons les cheveux déjà gris,
ni dans les feux qu'allument en banlieue
les pandémies errantes, ni dans la fumée
d'averne qui lèche les corniches,
ni même dans l'arbre de Noël
qui ne survit, peut-être, que dans les prisons.

Mon rêve n'est pas dans le printemps,
époque dont nous parlent d'anciens fabliers,
ni dans les ramilles qui s'emplument à grand-peine,
ni dans le cri perçant de la marmotte
qui met le nez hors du terrier,
ni même dans les auberges et buvettes qui s'ouvrent
dans l'illusion qu'il ne pleuvra plus, désormais,
ou qu'il pleuvra peut-être ailleurs, on ne sait où.

Mon rêve n'est pas dans l'été
névrosé, plein de mirages trompeurs, de lunaisons

de triste augure, dans l'épouvantail,
pantin noir, dans le treillis
du tramail que déchirent les dauphins,
ni dans la touffeur scintillante de ses matins,
ni dans les périples sous-marins
de qui plonge, son passé avec soi.

Mon rêve n'est pas dans l'automne
enfumé, aviné, qu'on ne trouve
que dans les calendriers ou foires
de l'almanach de Barbenoire, ni dans ses noires
soirées de foudre, dans les processions
vindémiales ou liturgiques, dans le cri des paons,
dans les tours du pressoir, quand s'enfouissent
et la larve et le loir.

Mon rêve ne s'élève jamais
du sein des saisons, mais de l'intemporel
qui vit où meurent les raisons
— Dieu sait s'il était temps ; ou inutile.

APRÈS UNE ÉVASION

Les bouleaux étaient là, en rangs serrés, cachant
le sanatorium où, malade
d'aimer trop la vie, en suspens
entre tout et néant elle s'ennuyait.
Un grillon chantait, parfaitement inclus
dans l'organisation clinique,
de concert avec le coucou que déjà

tu entendais en Indonésie à moindres frais.
Les bouleaux étaient là, une infirmière suisse,
trois ou quatre aliénés dans la cour,
sur la table de nuit un album d'oiseaux exotiques,
le téléphone et quelques chocolats.
Et moi aussi, naturellement, et d'autres
gens barbants, pour te donner le réconfort
que tu pouvais, toi, distribuer à foison
pourvu qu'on eût des yeux. Moi j'en avais.

☆

Ton pas n'a rien de sacerdotal,
tu ne l'as pas appris à l'étranger, à l'école
Jaques-Dalcroze, grimacière plus que rituelle.
Le tien venait d'Océanie, avec
quelques arêtes de poisson au talon. Accoururent
les parents au premier degré, au second degré, malgré
tout ignorant que les rives de corail
ne sont pas les *Focette* mais l'écume
de l'au-delà, l'*exit* de l'ici-bas.
Trois arêtes dans ton pied, non trois nageoires
de squale, comestibles. Ensuite vint
t'envelopper un sommeil artificiel.
De toi quelques murmures au téléphone automatique,
un long indicatif, les plaintes d'intermédiaires.
Rien d'autre au bout du fil, même plus un léger pas
[feutré
sur la moquette. Un sommeil d'aquarium.

☆

Ma route est passée
entre démons et dieux, indiscernables.
C'était un échange général de masques, de barbes,
un volapük, un guarani, un perçant
charabia que nul ne pouvait comprendre.
À présent ne me demande pas pourquoi je t'ai
[identifiée,
avec quel visage et quel son tu es entrée
dans une tête qu'assourdissent trop de klaxons.
Un lien, un nœud coulant s'est glissé jusqu'à moi,
et tu n'en as rien su, évidemment.
La première fois, ton cerveau semblait
s'évaporer, le mien ne valait pas mieux.
Tu as jeté un verre par la fenêtre,
puis une chaussure, et t'y jetais presque
si je n'avais été vigilant près de toi.
Mais tu n'en as rien su : fut-ce rêve,
collet, piège — question inutile.
Ta route aussi, bien sûr,
enjambait l'enfer et c'était
comme dire adieu à l'élysée inhabitable.

☆

Je pense à toi : rapides
se détachent les feuilles du calendrier. Mauvais,
le temps, ce matin, plus détestable encore
le Temps. De toi le meilleur
explosait parmi lentisques ronces ruisseaux
grenouilles coassantes courts vols
d'échassiers inconnus de moi (les Chevaliers,
pensez donc !) et moi je couchais,
insomniaque, dans le moisi des livres et des grimoires.
De moi explosait aussi le pire : vouloir
remonter les années, vaincre
Cronos aux-pieds-agiles par mille astuces.
On dit que je ne crois à rien, sauf aux miracles.
J'ignore à quoi tu crois, en toi peut-être, ou bien
laisses-tu les autres te voir et te créer.
Mais cela est plus qu'humain, c'est le privilège
de qui soutient le monde sans le connaître.

☆

Quand on parvint au bourg du massacre nazi,
Sant'Anna, sur lequel pèse un pic abrupt,
je t'ai vue grimper comme un chevreuil
jusqu'au sommet, aux côtés d'une frêle Polonaise
et du rat d'eau, ton guide, le plus bouquetin de tous.
Pendant cinq heures immobile sur la place
j'énumérais les morts sur la stèle, me mettant *honoris*
[*causa*
parmi eux, ridiculement. Le soir,
le hors-bord nous transporta en tressautant

sur la *Burlamacca,*
canal d'excréments où rejette
de l'eau bouillante une pseudo-huilerie.
Serait-ce l'avant-spectacle de l'enfer ?
Les *Burlamacchi,* les *Caponsacchi*... spectres
d'hérésies, d'illisibles poèmes.
Égout et poésie, deux problèmes
inséparables (mais je ne t'en ai rien dit).

☆

Tardif récepteur de néologismes
dans mon premier demi-sommeil j'hésitais
entre *Hovercraft* et *Hydrofoil*
pour le nom du volatile sur lequel j'entendais t'enlever
furtivement ; mais entre-temps tu t'étais évadée
avec un bon rat d'eau plus leste que moi
et tellement plus jeune, hélas. Je vagabondai lente-
[ment,
toute cette longue journée, je me disais
qu'entre le roi Lear et Cordélia ne passèrent jamais de
[telles pensées,
de sorte que s'écroulait tout lointain rapprochement.
Je revins avec le groupe en visitant
des tombes de Lucumons, repaires d'aristocrates
déguisés en voleurs, quelque rue carcérale
digne de Piranèse, dans le vieux Livourne.
Je me faufilai dans les coupe-gorge de ce marché aux
[puces.
Splendide, le ciel, mais presque horrifique, sur notre
[retour.

Et le rapport aussi avec la tragédie s'évanouissait alors
car, par-dessus le marché, je ne suis même pas ton
[père.

☆

Je ne peux pas respirer si tu es loin.
C'est ce qu'écrivait Keats à Fanny Brawne
qu'il avait tirée de l'ombre. Étrange, que mon cas,
si parva licet, soit tout autre. Oui,
je respire bien mieux quand tu t'éloignes.
Le rapprochement nous rapporte des faits
à se rappeler : mais jamais tels qu'ils furent,
prévus par nous comme de futurs
sels à humer, pour le besoin, ou du vinaigre
des Sept Voleurs (de nos jours plus personne ne
[s'évanouit
pour des broutilles du genre cœur brisé, etc.).
C'est un amas de faits où se produit l'impact,
et, *praesente cadavere*, la charpente ne tient pas.
Je ne tente pas de t'en parler. Je sais que si tu me lis
tu penseras m'avoir fourni le combustible
nécessaire et que le reste (mais qui *ne soit pas* silence)
n'importe guère.

LE RÉPERTOIRE

Le répertoire
de la mémoire est usagé : valise en cuir
portant les étiquettes de trop d'hôtels.
Il en reste encore quelques traces
que je n'ose pas décoller. Soin que je laisse aux
[porteurs,
aux gardiens de nuit, aux taxis.

Le répertoire de ta mémoire,
toi-même me l'as offert avant de t'en aller.
Il comportait bien des noms de pays, les dates
de tes séjours et à la fin une page blanche,
mais avec des lignes en pointillé... comme pour
[suggérer,
au cas où ce serait possible, « suite ».

Le répertoire
de notre mémoire, on ne peut l'imaginer
coupé en deux par une lame. Feuille unique, il porte
[des traces
de timbres, de grattages, et quelques taches de sang.
Il n'était ni passeport ni même attestation de bons
[services.
Servir, même espérer le faire, ce serait encore vivre.

EN BAS

La terre sera surveillée
du haut de plates-formes astrales

Plus ou moins probables deviendront
en bas les tueries

Disparaîtront prophètes et prophéties
s'il en exista

Disparus le je le tu le nous le vous
de l'usage

Dire naissance mort début fin
sera tout un

Dire hier demain
un abus

Espérer — *flatus vocis* que personne
ne comprendra plus

Le Créateur aura bien peu à faire
s'il a fait

Quant aux saints, il faudra les chercher
parmi les chiens

. . . .

Les anges resteront imprimés, coquilles
indélébiles.

PREMIER JANVIER

Je le sais, on peut vivre
sans exister,
surgi d'une coulisse, d'une toile de fond,
d'un extérieur inexistant puisque jamais
nul ne l'a vu.
Je le sais, on peut exister
sans vivre,
racines arrachées à tout vent,
même si pas une feuille ne bouge, pas un souffle ne
[ride
l'eau sur laquelle donne ton salon.
Je le sais, aucune magie
— philtre ou infusion —
ne peut expliquer la mêlée
de tes doigts, de tes cheveux, ton rire qui explose
en remerciant
le dieu minuscule auquel tu te confies,
différent d'heure en heure, et dont tu te méfies.
Je le sais, jamais tu ne t'es demandé
comment — où — pourquoi,
paresseusement indisposée
au disponible,
distraite résignée au peu importe,
au je ne sais quand ou combien, plongée dans une
[obscure
germination de larves et d'arborescences.
Je le sais, ce que tu saisis,
objet ou main, plume ou cendrier,
brûle sans le savoir,

et sans que tu le découvres, animal innocent,
inconscient
d'être pivot et dissolution, ombre
et substance, rayon qui se voile.
Je le sais, on peut vivre
dans l'émulation, maigre feu de paille,
sans que s'efface de ton front la marque
de Qui t'a suscitée... et s'en est repenti.
Maintenant,
sortie sur le balcon, tu arroses les fleurs, secoues
le squelette de l'arbre de Noël,
une cassette t'accompagne en sourdine,
tu rentres, ton image dans la glace te déplaît,
tu te jettes à terre, de ton chiffon grattes
sur le sol les traces des intrus.
Si nombreux... et le plus imprésentable
de tous, car les autres au moins parlent,
moi, bouche cousue.

RÉBECCA

Chaque jour davantage je me découvre un défaut :
c'est le total qui manque.
Les additions à faire sont à leur place, impeccables,
mais la somme ?
Rébecca abreuvait ses chamelles
et elle-même.
Moi je manie la plume et la gamelle
pour moi et pour d'autres.
Rébecca était assoiffée, moi famélique,

mais nous ne serons pas absous.
Il n'y avait guère d'eau dans l'oued, quelques flaques
[peut-être,
et dans ma cuisine peu de bois à brûler.
Et pourtant nous avons tenté pour nous, pour tous,
[dans la fumée,
dans la boue, avec quelques vivants, bipèdes ou même
[quadrupèdes.
Ô paisible Rébecca que je n'ai jamais rencontrée !
À peine une poignée de siècles nous sépare,
simple clin d'œil pour qui comprend ta leçon.
Seul le divin est total dans la gorgée et dans la miette.
Seule la mort le vaincra si on réclame toute la portion.

SILENCE

Aujourd'hui grève générale.
Dans la rue personne ne passe.
Rien qu'un transistor derrière le mur.
Depuis quelques jours il doit y avoir quelqu'un.
Je me demande ce que deviendra la production.
Le printemps même tarde quelque peu à se produire.
On a éteint trop tôt le chauffage.
On s'est aperçu que le courrier ne sert à rien.
Peu importe le retard des fonctions normales.
Il faut bien que quelque engrenage n'engrène plus.
Les morts aussi se sont mis à s'agiter.
Ils font aussi partie du silence total.
Et toi sous une dalle... Pourquoi te réveiller,
tu l'es toujours ? Même aujourd'hui, jour de sommeil
universel.

LUMIÈRES ET COULEURS

Si jamais tu te montres tu portes toujours ta *liseuse*
[rouge,
les yeux un peu gonflés de tout ce que tu as vu.
Tes visites muettes semblent inexplicables.
Ce n'est sans doute qu'un reflet de lunettes,
sorte de miroitement fendant ma brume.
La dernière fois, sur la descente de lit
abricot se traînait à grand-peine
un vermisseau. Il ne fut pas facile de le faire
glisser sur un bout de papier, de le jeter vivant
dans la cour. Toi-même ne dois pas peser plus.

L'AUTRE

Je ne sais qui s'en aperçoit,
mais nos commerces avec l'Autre
n'ont été qu'une longue embrouille. Les dénoncer
sera, plus que rendre hommage, implorer clémence.
Nous ne sommes pas responsables de n'être pas lui,
notre apparence n'est ni sa faute ni son mérite.
Pas même l'ombre d'une crainte. Rusé, le flamant
[cache
sa tête sous son aile et croit que le chasseur
ne peut le voir.

V

Carnets de poésie
1971 et 1972

I

Carnet de poésie 1971

À LEONE TRAVERSO

1

Quand l'endiablée joue à cache-cache,
va-t'en donc l'attraper par son *toupet.*

Et rien ne sert de suivre le courant
comme l'expérimenta le néo-classique Goethe.

Des in-folio moisis, à fermoirs et cloutés,
ne conviennent pas, ou guère, à ses désirs.

Toi pourtant, Leone, l'avais rencontrée, la poésie,
sur tous ses chemins, toi rongé certes,
mais toujours ravi, puis brûlé
par la vie.

2

Je rêvai moi aussi d'être un jour
mestre de gay saber : vain espoir.
Un laurier desséché ne donne pas de feuilles,
même pour le rôti. De mes doigts maladroits
sur le célesta, sur les lames
du vibraphone, je tâtonne, mais la musique
s'éloigne toujours davantage. Rien, d'ailleurs,
d'une musique des Sphères... Jamais ne fut gai
ni sage ni céleste mon savoir.

L'ARTE POVERA

La peinture sur chevalet
exige des sacrifices
du peintre et pour l'achetcur
c'est toujours un surplus : où l'accrocher ?
Pendant quelques années je n'ai peint que des filets
avec des oiseaux prisonniers,
sur papier bleu à sucre ou carton ondulé d'emballage.
Vin et café, traces de dentifrice
quand le fond était une mer à enrubanner de focs,
c'étaient mes teintes.
J'ai aussi composé à l'aide de cendre et de fonds
de café-crème à Sainte-Adresse là
où Jongkind trouva ses lumières froides

et mon paquet fut conservé dans la cellophane et le
[camphre
(pour un maigre résultat).
Seule part de moi qui parvient à survivre
du néant qui était en moi, du tout que tu étais
toi sans le savoir.

COMME ZACHÉE

Il s'agit de grimper sur le sycomore
pour voir le Seigneur s'il vient à passer.
Hélas, je ne suis pas plante grimpante, oiseau grim-
[peur : même
dressé sur la pointe des pieds, je ne l'ai jamais vu.

CORSO DOGALI

Si je fouille le passé jusqu'au Cours Dogali
je ne distingue que Carubba, son orgue de Barbarie
à manivelle,
et l'aveugle qui vendait des billets
de loto. Gestes et cris allaient de pair.
Tous deux éclopés hirsutes galeux
comme chiens bâtards de gitans
et tous deux célèbres dans la rue,
parfaits d'ankylose et de bruit.

La perfection : telle que, si je dis
Carubba, je vois un ciel inaccessible.

VERS LE FOND

Le chalut
qui ratisse le fond
ne prend
que de petits poissons.

C'est avec d'autres filets que j'ai pris
des hirondelles de mer
et même une tortue
mais elle était morte.

À présent que j'y reviens
avec hameçon et ficelle
l'appât reste intact
dans l'eau trouble.

Trop d'épaisseur l'entoure
au-dessus, au-dessous, en l'air.
On n'avance pas : rien que bouger
déchire.

LE ROI PÊCHEUR

On estime
que le Roi des pêcheurs ne cherche
que des âmes.

J'en ai vu, moi, plus d'un
lever sur la vase des nappes d'eau
des éclairs de lapis-lazuli.

Son royaume se mesure au millimètre,
sa flèche échappe même
aux flashes.

Seul le Roi pêcheur
possède une juste mesure,
les autres ont à peine une âme
et peur
de la perdre.

CACHETTES

Quand je ne suis pas sûr d'être en vie,
la certitude est à deux pas, mais quel effort
pour retrouver les objets, une pipe, le petit chien
en bois de ma femme, un faire-part
du décès de son frère, trois ou quatre paires de
[lunettes,

à elle encore ! un bouchon de bouteille
qui la frappa au front lors d'un lointain
cotillon de Nouvel An à Sils Maria,
et autres brimborions. Ils changent de place, se glissent
dans les recoins les plus secrets, à tout instant
ils ont risqué la poubelle.
Formant un complot, ils se sont organisés
pour me défendre, ils connaissent mieux que moi
le fil qui les relie à celui qui voudrait
et n'ose pas s'en défaire. Plus proche
dans le temps, le Gubelin automatique
tente de s'y agréger, mais toujours repoussé.
Nous l'avions acheté à Lucerne, elle me dit
il pleut trop à Lucerne, il ne marchera jamais.
Et de fait...

MA MUSE

Ma Muse est loin : on dirait
(la plupart le pensent) qu'elle n'a jamais existé.
S'il en est une, elle s'habille en épouvantail
dressé à grand-peine sur un échiquier de vignes.

Elle claque au vent comme elle peut : elle a résisté aux
[moussons,
restant debout, juste un peu voûtée.
Si le vent tombe elle s'agite encore,
comme pour me dire : marche, ne crains rien,
tant que je pourrai te voir je te prêterai vie.

Ma Muse a quitté, il y a beau temps, un dépôt
de costumes de théâtre : des gens de la haute
se paraient d'elle. Un jour elle fut remplie
de moi, s'en pavana. Aujourd'hui elle conserve une
[seule manche
avec laquelle elle dirige un quatuor bien à elle :
des chalumeaux. Seule musique que je supporte.

À CELLE QUI LIT LES JOURNAUX

De giclées de soleil en ondées,
on ne comprend plus rien au temps.
Dehors, peu de vacarme,
le canari ne chante pas.
On lui a amené une femme,
depuis, il n'ouvre plus le bec.
Le temps semble indécis
sur sa propre fonction.
Il nous faut prendre courage,
le courrier n'est pas arrivé,
les journaux ne sont pas sortis,
il n'y a rien d'autre mais ce peu suffit
à faire grincer les vitesses.
Elles ne se bloquent pas tout à fait
mais accrochent, c'est sûr. Voilà
ce qui compte. Être immobile,
attendre et ne pas se réjouir
si l'engrenage a des ratés.

Il repartira tout pareil,
mieux lubrifié
ou plus mal, mais ce qui importe
est de ne pas y laisser les doigts.
Seuls, les cryptes, les creux,
les cachettes, cela seul
compte aujourd'hui, chère amie,
toi qui ne lis et n'écoutes pas, toi
. . . .
qui lis à peine les journaux.

LE MARTINET

Le martinet recueilli sur le trottoir
avait les ailes entartrées de goudron,
il ne pouvait voler.
Gina qui le soigna fit fondre ces grumeaux
avec des tampons d'huile et de parfums,
peigna ses plumes, l'enfouit
dans une corbeille tout juste suffisante
pour qu'il respire.
Lui la regardait, presque reconnaissant,
d'un seul œil. L'autre restait fermé.
Puis il accepta une demi-feuille de laitue
et deux grains de riz. Il dormit longtemps.
Le lendemain, à l'aube, il reprit son vol
sans dire adieu.
À l'étage au-dessus, la femme de chambre le vit.
Il était bien pressé, fut le commentaire. Et dire

que nous l'avons préservé des chats. Mais maintenant
[peut-être
il pourra s'en tirer.

LE LAC D'ANNECY

Je ne sais pourquoi dans mon souvenir tu es liée
au lac d'Annecy
que j'ai visité quelques années avant ta mort.
Mais je ne me suis pas souvenu de toi, j'étais jeune
alors et me croyais maître de mon sort.
Pourquoi peut-il jaillir de la mémoire
ce qui était si enlisé, je ne sais ; toi-même
m'as certainement enterré sans le savoir.
Maintenant tu resurgis vivante sans être là. J'aurais pu
rechercher alors ton pensionnat,
en voir sortir les jeunes filles en rang,
trouver une des pensées que tu avais
quand tu vivais. Je n'y ai pas songé. Trop tard :
une vue du lac est tout ce qui me reste.

AU MIXEUR

Autrefois
un salon de stucs
de bustes et de glaces
était la vie.

Le battement d'un cœur
artificiel ou vrai
était poésie.
Des sarabandes de nuages
non de sorcières
étaient un tableau,
le pipeau le sifflet la clochette
des bœufs, musique.
Maintenant on a fait une décoction
de tout en tous et chacun se demande
si le mixeur en action dans les crânes
y fouette l'ordure ou le sabayon.

Raccourcis ton ultime chiffon,
Bernadette, ma caille ! maintenant que tout tremblote
comme une crème caramel,
nul ne pourra te dire qui tu es, qui tu étais,
si tu as été vivante ou morte, si tu as su
que le vrai et le faux sont le recto et le verso
de la même médaille, raccourcis, jette,
ne remplace pas,
laisse-toi glisser sur tes crèmes,
tu ne tomberas pas au fond,
ceux qui te regardent t'apprennent
que ce qui oscille est le tic-tac
d'une horloge qui ne risque pas
de s'arrêter de sitôt !

AU POINT OÙ TU EN ES

Au point où tu en es cesse,
dit l'ombre.
Je t'ai accompagné dans la guerre, dans la paix,
et même dans l'entre-deux,
j'ai été pour toi exaltation, dégoût,
je t'ai insufflé des vertus que tu n'as pas,
des vices que tu n'avais pas. Si maintenant je me [détache
de toi tu n'auras pas de peine, tu seras plus léger
que les feuilles, changeant comme le vent.
Je dois lever le masque, je suis ta pensée,
ta vaine nécessité, ton écorce inutile.
Au point où tu en es cesse, arrache-toi à mon souffle,
parcours le ciel comme une fusée.
Un peu de lumière subsiste à l'horizon,
qui la voit n'est pas fou, seulement homme,
et toi tu entendais ne pas l'être
pour l'amour d'une ombre. Je t'ai trompé
mais à présent te dis : au point où tu en es cesse.
Ton pire et ton meilleur ne t'appartiennent pas
et pour ce que tu auras tu peux te passer
d'une ombre. Au point où tu en es
regarde avec tes yeux et même sans yeux.

☆

Je ne me lasse pas de dire à mon entraîneur :
jette l'éponge,
mais lui n'entend rien car sur le *ring*, ou même dehors
on ne l'a jamais vu.
Peut-être, à sa façon, cherche-t-il à me sauver
du déshonneur. Qu'il prenne tant de soin
de moi, l'idiot, ou que je sois son bouffon,
cela tient en suspens entre la gratitude
et la fureur.

TRIOMPHE DES ORDURES

La grève des éboueurs
peut donner à la Ville le visage qui lui sied.
On avance fort bien parmi les ordures
quand une Chantal tombée ici du Nord
doit vous recevoir avec toute sa grâce
raffinée, plus éclatante et impeccable que ses cristaux.
Dehors, les vieux murs étalent leur misère,
leur gloire de survivre.
Elle-même, la jeune fille, sait mieux défendre
son identité puisque pour l'atteindre,
en naviguant elle a dû contourner îles et lacs
de vomi et de déchets de plastique.
Ici les invités ne se connaissent même pas

entre eux, tous intrigués, tous absents
d'eux-mêmes. Le triomphe des ordures
exalte qui n'en a cure, émousse
angles et pointes. Être vivant suffit,
et ce n'est pas une mince affaire. Elle-même,
celle qui nous reçoit l'a su avant
nous tous, et c'est son invention,
apprise non dans les livres mais du dieu sans nom
qui dispense la Grâce, ne sait rien faire d'autre
et c'est déjà trop.

☆

Je suis prêt, je le répète — prêt à quoi ?
Non à la mort, je n'y crois pas,
ni au grouillement d'automates qu'on nomme vie.
L'autre-vie, quelle absurdité : elle singerait
sa mère avec toutes ses tares.
L'outre-vie baigne dans l'éther, cet air d'hôpital
que respirent les heureux quand ils tombent dans la
[trappe.
L'outre-vie est dans le temps qui s'en nourrit
pour que dure davantage sa tromperie.
Être prêt, ce n'est pas choisir
entre deux malheurs, deux bonheurs ou même
entre tout et rien. C'est dire : j'en ai fait l'épreuve,
voici le Voile, s'il trompe il ne se déchire pas.

LETTRE À BOB

À force d'exclusions
tu n'avais gardé que le peu
que tu pouvais tenir en mains : et cela appartenait
à qui le percevait. Je t'ai suivi
plusieurs fois à ton insu. J'ai parcouru
plusieurs fois la rue Cecilia de Rittmeyer
où j'avais rencontré ta vieille mère,
constaté *de visu* son terrifiant amour.
De ton père ne subsistaient que le relève-moustaches
et peut-être une Bible protestante. J'ai goûté
à ta pléiade d'amis, objet
de tes expériences plus ou moins manquées
pour créer ou détruire des bonheurs conjugaux.
C'étaient tes premiers amis, d'autres
ont suivi, que je n'ai jamais connus.
Ainsi s'est formée ta légende
de papier, peu digne de foi. On dit à présent
que tu étais un maître sans audience, toi
qui as eu trop d'auditeurs aux oreilles grand ouvertes
sans jamais t'en méfier. Confesseur
inconfessé tu ne pouvais rien donner
à qui ne se trouvait déjà sur ta route.
À ta façon tu as déjà gagné même si tes auditeurs
ont tout perdu. Par cette lettre
que tu ne pourras jamais lire je te dis
adieu et non *aufwiedersehen* et ce
dans une langue que tu n'aimais pas, car privée
de *Stimmung*.

LETTRE À MALVOLIO

Non, pas question chez moi d'une évasion, Malvolio,
ni même d'un *flair* que j'aurais pour renifler
le pire à cent lieues. Cette vertu,
toi tu la possèdes et je ne te l'envie pas :
je ne pourrais même pas en tirer avantage.

Non,
pas question de la moindre évasion
mais seulement d'une respectable
prise de distances.

Ce ne fut guère difficile d'abord,
quand les séparations étaient nettes,
l'horreur d'un côté, de l'autre la décence,
oh, rien qu'une décence infinitésimale.
Non, ce ne fut pas difficile,
il suffisait de s'esquiver, de s'effacer,
de se rendre invisible,
de l'être, sans doute. Mais après.

Mais après que les écuries se sont vidées,
l'honneur et l'indécence liés par un même pacte
ont fondé l'oxymoron permanent,
et il ne s'est plus agi
d'évasions, de refuges. C'était l'heure
de la phocomélie conceptuelle,
le tordu s'appelait droit, pour le reste
dérision et silence.

Ce fut ton heure, elle n'est pas finie.
Comme tu étais habile à touiller dans ton pot
matérialisme historique et paupérisme évangélique,
pornographie et salut — nauséabonde odeur
de truffe pourrie, l'argent que tu en retirais.
Non, tu n'as pas tort, Malvolio, la science du cœur
reste à naître, chacun l'invente à sa guise.
Mais trêve d'évasions maintenant qu'on peut tout juste
chercher l'espoir dans son négatif.
Permets à mon évasion immobile de dire
« courage » à quelqu'un ou à moi-même, « la partie est
[engagée »,
la partie n'est jouée que pour ceux qui refusent
les distances et se hâtent comme toi, Malvolio,
car tu sais que demain ce sera impossible
même pour ton astuce.

POUR PRENDRE CONGÉ

Ma *valédiction* descende sur vous,
Chiliastes, mes amis ! J'aime la terre, j'aime

Qui me l'a donnée

Qui nous la retire.

II

Carnet de poésie 1972

L'ODEUR D'HÉRÉSIE

Miss Petrus, hagiographe et secrétaire
de Tyrrell, fut-elle sa maîtresse ?
Oui, répondit le barnabite, et un frisson d'horreur
serpenta au milieu des parents, amis et autres
invités occasionnels.

Moi, tout juste enfant, je n'avais cure
de la question, le barnabite
était aussi passable pianoteur,
et à quatre mains, à quatre pieds peut-être
nous avons chanté, piétiné
In questa tomba oscura et semblables
joyeusetés.

Qu'il fût en odeur d'hérésie,
toute la famille semblait l'ignorer. Quand
il fut mort et déjà oublié, j'appris
qu'il était suspendu *a divinis* : je restai bouche bée.

Suspendu, oui, mais par qui ? Par quoi et pourquoi ?
Suspendu en l'air à un fil ?
Et le divin, serait-ce un crochet auquel se suspendre ?
Peut-on le renifler comme n'importe quelle odeur ?

Ce n'est que plus tard que j'ai appris le sens
du mot, sans rester le moins du monde
le souffle coupé. Le vieux prêtre,
je crois le revoir dans la pinède
qui a brûlé depuis longtemps, un tantinet penché
sur des textes miasmatiques, son baume. Et l'odeur
qui s'exhale n'a rien à voir
avec le divin ou le démoniaque, souffles de voix,
[soupirs
dont il n'est trace que dans quelque grimoire illisible.

HAUTES EAUX

Je me suis agenouillé, délirant d'amour,
au bord de la source Castalie
mais pas un filet d'eau ne reflétait
mon image.

Jamais je n'ai vu
les eaux des *piranhas.* Qui s'y plonge
revient à la rive squelette décharné.

Pourtant
d'autres eaux travaillent avec nous,
en nous, sur nous, indifférente

et monstrueuse œuvre de récupération.
Les eaux reprennent
ce qu'elles ont donné : secondées
par leur double invisible, le temps ; flasque,
un abondant rinçage nous dépouille
depuis qu'à la place des nageoires nous ont poussé des
[membres,
malformation, farce qui nous a chargés
de mauvaise conscience et de responsabilités.

Oui, semble-t-il, le lest bouillonnant sur lequel je me
[penche,
épaves, caisses, voitures amassées
en bas dans la cour,
fumeuse coulée qui s'en va
son chemin, ignore notre existence,
tout cela, semblait-il, était la preuve par neuf
que nous sommes ici pour quelque chose, trappe ou
[but.
Semblait, non semble-t-il... En d'autres temps crépi-
[taient
les châtaignes sur la braise, brillait un lumignon
sur les cadeaux de Noël. Maintenant il ne plaît plus
au démon des eaux de nous donner acte que nous,
ses spectateurs et complices, restons tout de même
[nous.

JAUFRÉ

à Goffredo Parise

Jaufré passe les nuits encapsulé
dans un tonneau. À la pointe de l'aube
s'élance un courlis, il le manque. Peu après,
la lumière est trop forte, il se rendort.
Inutile entreprise de qui tente
de renfermer le tout dans quelque rien
qui ne se révèle que parce qu'on le perçoit.

TERREUR D'EXISTER

Les familles de grands bouffons
d'opérette se sont éteintes,
et avec elles le genre comique, remplacé
par le tam-tam tribal des assemblages.

C'est un grand malheur que de naître petit,
et le pire, celui de retomber en enfance
en mimant l'idiotie qui redoute
quelque improbable identité.

La terreur d'exister n'est pas chose
à traiter par-dessous la jambe : les croulants
en ont amoncelé tant dans leurs soupentes

que c'est avec peine et honte qu'ils pourraient s'y
[cacher.

Et la honte n'est, jeune homme de bonne famille,
qu'une première lueur de vie. Si elle meurt avant de
[naître
rien ne l'accompagne qui puisse dire
nous sommes nous et c'est un fait à peine croyable.

En l'an soixante-quinzième et plus de mon âge
je suis descendu jusqu'à mes hypogées : le dépôt
était là, intact. J'aimerais le répandre à pleines mains
en ces jours de sanglant carnaval.

KINGFISHER

Nous avons pratiqué avec soin le *carpe diem*,
tenté d'attraper quiconque avait poil ou excroissances,
jeté l'hameçon sans qu'y ait mordu
tanche ou barbeau (et ne parlons pas de truites).
Maintenant c'est l'inverse, et là prenons garde
qu'une ligne ne vienne nous ferrer.
Mais le Pêcheur renâcle car notre chair,
même en papillote ou en matelote, ne trouve plus de
[clients.

CERTAINS MEURENT...

Certains meurent pour nous. Cela arrive tous les
[jours,
et il m'arrive à moi aussi de mourir pour quelqu'un.
Quel sacrifice affreux que cette compensation
qui devrait nous sauver tous *en bloc,*
braves touristes qui ne dépensons guère et ne voyons
[rien.

Ainsi bras dessus bras dessous marchent théologie
économie sémiologie cybernétique et puis encore
tout l'inconnu qui couve, dont nous serons
l'aliment le poison, le plein le vide.

LE BERNARD-L'ERMITE

Le bernard-l'ermite n'y regarde pas de si près :
la coquille où il se glisse n'est pas la sienne.
Mais il reste ermite. Mon mal, c'est que
si je me glisse hors de la mienne, je ne peux pas entrer
[dans la tienne.

DANS UN JARDIN « À L'ITALIENNE »

La vieille tortue marche mal, tangue :
jadis on lui a coupé une patte de devant.
Quand un vert manteau vient à s'agiter,
c'est elle qui, invisible, peine dans les carrés de trèfles
et rentre à son refuge.
Depuis combien d'années ? Ici hésitent
jardinier et propriétaire.
Un demi-siècle ou plus. Devra-t-on remonter
au général Pelloux ?...
Elle n'a plus d'âge : toutes les déchirures
font mal en même temps.

SUR LA PLAGE

Maintenant la clarté se répand.
Encore fermés, les derniers parasols.
Puis apparaît quelqu'un qui traîne
son bateau gonflable.
La marchande d'herbes vient et enfonce
dans le sable sa masse, tout un nœud
de varices. Vrai monolithe
arraché aux pics des Alpes de Luni.
Quand elle me parle j'ai le souffle coupé,
ses paroles sont la Vérité.

Mais sous peu reviendra le capharnaüm
de chairs, de gestes et de barbes.
Tous ces lémures humains auront au cou
croix et chaînes. Que de religion.
Et dire que quelqu'un s'était fait l'illusion
de répéter l'*exploit* de Robinson !

NÉO-ICONOGRAPHES

On prépare l'iconographie
des plus grands écrivains et bientôt même
des plus petits. Nous verrons quelles furent leurs
[demeures
— palais ou *bidonvilles* —, leurs écoles
et latrines — intérieures ou collées
à l'extérieur avec tuyaux pendouillant
sur des fumiers à pourceaux, nous étudierons l'horos-
[cope
de leurs ascendants, rejetons et descendants,
les rues qu'ils fréquentaient, leurs lupanars (à suppo-
[ser
qu'il en existe encore après Marthe Richard),
nous toucherons leurs habits, leurs peignoirs, leurs
[clystères
s'ils en usèrent, quand et combien, leurs menus
[d'hôtel,
les traites qu'ils ont signées, leurs lotions
potions ou décoctions, la durée
de leurs amours, éthérées ou carnivores
ou seulement épistolaires, nous lirons

leurs fiches médicales, leurs analyses et s'ils cher-
[chaient le sommeil
dans Baffo ou dans la Bible.
C'est ainsi que l'histoire
néglige les épistèmes pour les hémorroïdes,
tandis qu'aux mâts claquent les drapeaux olympiques
et que des claquements de mitraille fournissent la
[musique.

LE PRINCE DE LA FÊTE

J'ignore où se tient le prince de la Fête,
Celui qui régit le monde et autres sphères.
J'ignore si ce que j'aperçois quand je me penche
à la fenêtre est fête ou boucherie.
S'il est vrai que la puce vit à son échelle
(comme tout animal) qui n'est pas la nôtre,
s'il est vrai que le cheval voit l'homme presque deux
[fois
plus grand, alors nul œil humain ne peut suffire.
Peut-être une nuit, lassée d'être éternelle, fit-elle
[jaillir
quelque étincelle. Ou bien une lumière éthérée
s'est-elle maculée, se trouvant elle-même insup-
[portable.
Ou serait-ce que le prince ignore ses créatures
ou ne peut s'en vanter qu'à doses homéopathiques.
Mais il est certain qu'un jour sur son siège
pèseront d'autres fesses. C'est chose faite.

ANNETTE

Pardon, Annette, si là où tu es
(non certes parmi nous, soi-disant
vivants), mon souvenir ne te parvient guère.
Tes apparitions, pendant bien des années,
furent rares et imprévues, tu ne les a pas voulues.
Les lieux aussi (le roc des douaniers,
l'embouchure du Bisagno où tu t'es changée en
[Daphné)
n'avaient sans toi aucun sens.
De sûr ne reste que le jeu des charades enchaînées
ou emboîtées — peu importe — où tu étais imbattable.
C'étaient de vrais spectacles en miniature.
J'y ai joué le rôle de Léonard
(Bistolfi hélas, pas l'autre), grimé en lion
pour avoir mon « Leo » et, quant au nard,
je m'étais aspergé de parfum. Pourtant, la barbe
que je m'ajoutai, de fleuve et plutôt sale, ne pouvait
[suffire.
Il y fallait bien plus, une statue vivante
que je sculpterais. Et c'est toi qui as bondi
sur un branlant piédestal de dictionnaires,
miracle palpitant, et moi
de te modeler avec je ne sais quel zinzin.
Ce fut mon seul succès d'acteur
de salon. Mais tous les yeux, je le sais,
se posaient sur toi. Tu avais fait un prodige.
Une autre fois, nous sommes montés jusqu'à la tour
où souvent un merle bleu

modulait le motif que Massenet
prêtait à son Des Grieux.
Plus tard j'en ai tué un, immobile sur la hampe
du drapeau : mon seul crime,
je ne me le pardonne pas. Mais j'étais fou,
fou non de toi, fou de jeunesse,
fou de la saison la plus ridicule
de la vie. Maintenant
je me demande quelle place tu as tenue
pour moi dans cette saison. Un sens, oui,
inexprimable alors — plus tard
non pas l'oubli mais une pointe me blessant
presque jusqu'au sang. Mais alors tu étais déjà morte,
où et comment, je ne l'ai jamais su.
Aujourd'hui, je le pense, tu as été un génie
de pure inexistence, que j'ai authentifié
comme tel puisque absurde. La stupeur
qui s'incarne est l'éclair qui aveugle
puis s'éteint. Durer pourrait être
l'effet d'une drogue dans le créé,
chez un médium dont on n'a jamais eu
la moindre preuve.

ENTRE CLAIR ET OBSCUR

Entre clair et obscur, un voile mince.
Entre ombre et nuit, le voile mincit.
Entre nuit et néant, un voile presque impalpable.
Notre esprit donne corps même au néant.
Mais alors

commence le grand tête-à-queue,
la furieuse passion du tangible,
non du tangible mammouth, monstre,
qu'aucune main ne peut contenir,
mais de l'infime, du fétu que même
le plus obstiné *bricoleur* ne peut déceler.
Le Léviathan détruit, sans pouvoir grandir plus
il éclate,
mais ce qui reste sous nos ongles
même si nous sortons de chez la manucure,
c'est encore la preuve que nous sommes poussière
et retournerons en poussière, et tout cela
est poussière de vie, le meilleur et le tout.

DIAMANTINE

Puisque l'hypotypose d'une occulte
Déité gardienne des écrins
des Mercuriaux suprêmes ne te sied,
Adelheit, toi qui parus, comme peut
dans les relents d'Averne luire
un Phénix que jamais aède
ne sut idolâtrer,
ainsi faut-il que je m'arrête et change
ma protase en discours plus facile.

Il s'agissait seulement de survoler
ou surnager éventuellement à la surface
de quelque flaque, puis, avec le secours
de marches ébréchées, de découvrir

que le monde des cristaux a ses refuges.
Il est un tout qui s'effrite, quelque chose
qui se facette. Entre ces deux ordres,
l'alternance ou l'échange ne peuvent exister.
Sans doute n'as-tu jamais vu un cristal,
ni un vase de Pandore ni un Niagara
de saphirs. Mais il y avait ton image
par nature non hypotyposable,
au contraire fuyante, flottante, facettée
jusqu'à l'extrême, comme vaporeuse.
Mais mon erreur m'est chère, élève
bien-aimée d'un artiste qui jamais
n'a pu te ciseler sur ses médailles.
C'était à peine la Vie, une chose
que tous nous postulons sans en avoir de preuves,
la vie dont nous sommes témoins,
nous tous, ni de la partie, ni de l'accusation,
ni de la défense, mais que tu connais, toi,
même par tes seuls doigts
quand tu effleures un objet qui puisse te dire : toi et [moi
ne faisons qu'UN.

SORAPIS,
IL Y A QUARANTE ANS

Je n'ai jamais beaucoup aimé la montagne
et déteste les Alpes. Les Andes, les Cordillères,
jamais vues. Pourtant j'ai été charmé par la Sierra
de Guadarrama : l'ascension

en est douce, et sur la cime, des daims, des cerfs,
si on en croit les prospectus.
Seul l'air électrisant de l'Engadine
nous a conquis, mon doux insecte, mais nous n'étions
pas assez riches pour nous dire : *hic manebimus.*
Parmi les lacs seul celui de Sorapis
fut notre grande découverte. Solitude
de marmottes entendues plus qu'entrevues,
et puis l'air des Célestes ; mais quelle route
pour y accéder ? D'abord je l'ai parcourue
tout seul pour voir si tes petits yeux
pourraient s'aventurer dans les tranchées
zigzaguant entre de hautes plaques de glace.
Et si longue ! Adoucie, au début
seulement, au plus épais des conifères,
par la sonnerie d'alarme des geais.
Puis je t'ai guidée par la main
jusqu'au sommet, une cabane vide.
Tel fut notre lac, quelques brasses d'eau,
deux vies trop jeunes pour être vieilles,
et trop vieilles pour se sentir jeunes.
Nous découvrions alors ce qu'est l'âge.
Il n'a rien à voir avec le temps, c'est quelque chose
qui dit, qui nous fait dire, nous sommes ici, miracle
qui ne se répète pas. En comparaison,
la jeunesse est la plus lâche des illusions.

L'ÉLAN VITAL

Ce fut quand on nomma docteur
honoris causa un certain *Lamerdière* de Fribourg,
en Suisse ou en Brisgau, peu m'importe.
Il monta sur l'estrade affublé d'oripeaux
multicolores et vomit son Invective.
Je méprise, dit-il, la chenille, et lié
à elle, l'angélique papillon qui en sort pour s'éteindre
dans un souffle d'allumette suédoise.
J'abhorre ce qui est ténu, silencieux,
évanescent. Il n'y a pas d'autre dieu que le Turbo —
non le poisson, mais le tonnerre universel,
ininterrompu, antitéléologique.
Non le murmure que les sophistes appellent
l'élan vital. Si dieu est parole, si celle-ci
est son, ce vrombissement mammouth
qui n'a pas de début et n'aura pas de fin est le seul
objet qui soit lui-même et tout le reste.
Jupiter meurt, Excellences, et l'hymne du Poète
NE DURE PAS. C'est alors
qu'un Jumbo, me déchirant les oreilles,
me réveilla.

DANSEUSE LASSE

La voici refleurir, la rose
qui naguère s'étiolait...

Naguère ? De prime abord, veut dire : il n'y a guère.
Et quand donc pourrait-on le dire de saisons
emboîtées l'une dans l'autre, amorphes ?
Lors on chantait le refleurir
d'une jeune guérissante, d'une joue
moins languide, pour peu, que, fraîche encore,
l'épithète convînt, d'une lueur plus vive
enflammant l'œil, embrasant l'astre du regard.
Revient alors le temps où rose et lis ne meurent
quand docile aux vertus des Herbes l'on demeure.
Tes pieds sur la balance te suffisent
pour mesurer les quelques milligrammes
que les défuntes successions de saisons
n'ont pas su te soustraire. Ensuite tu pourras
retrouver tes ailes, non plus frêle nuée
céleste mais terrestre, et rien ne dit
que le ciel s'en apercevra. Il suffit
que quelqu'un s'étonne de te voir, fleur,
reprendre chair à merveille. Cela n'arrive pas tous les
[jours
en ces neigeux *défilés* de mort.

À NOTRE GRILLON

Que dirait notre grillon
dit Gina en regardant le merle
becqueter larves et chenilles dans les pots
de fleurs du balcon, qu'il ravage.
Mais le plus beau, c'est que le grillon, c'était toi
tant que tu as vécu, et nous étions peu à le savoir.
Toi sans ces petits yeux-têtes d'épingle, dont je porte
un double, un véritable insecte en celluloïd
avec deux petites billes qui seraient les yeux,
deux pistils, et il nous regarde sur une commode.
Que dirait le grillon d'alors de son sosie
et du merle ? C'est à cause d'elle que je suis ici,
dit Gina en chassant de son balai le vilain merle.
Puis on lève les premiers rideaux métalliques. C'est le
[jour.

POUR CONCLURE

Je recommande à ma postérité
(si j'en ai) en littérature,
ce qui reste improbable, de faire
un beau feu de tout ce qui me concerne,
ma vie, mes faits, mes non-faits.
Je ne suis pas un Leopardi. Je ne laisse pas grand-chose
[à brûler,

et c'est déjà trop que de vivre en pourcentage. J'ai vécu à cinq pour cent, n'augmentez pas la dose. Trop souvent au contraire la pluie tombe sur l'eau.

VI

Cahier de poésie
1973-1977
(Derniers poèmes)

L'ÉDUCATION INTELLECTUELLE

Ce toit immense *où picoraient des focs* :
image idyllique de la mer.
Aujourd'hui la ligne d'horizon est sombre
et la rive bouillonne comme une marmite.
Quand ici passaient les grandes locomotives
nommées Bellérophon, Orion,
toutes les formes étaient encore fluides
par surcroît de jeunesse et le vent
le plus violent était encore une caresse.

Un gamin, mèche rebelle, se demandait
si l'homme était hasard ou intention,
lapsus ou triomphe... mais de qui ?
Si le hasard se présente dans un possible
il n'est intention que dans un cerveau.
Et quelle tête universelle
peut se passer de nous ? Il y avait un dilemme
à trancher (pas pour les innocents).

Au dire des Garants l'ancien *logos*
s'identifiait aux muscles des machinistes,
aux grandes bouffées âcres de charbon,
aux moteurs hurlants, au tic-tac
des doigts de dactylo de l'Outrance.
Et le gamin, mèche rebelle, ne savait
s'il se jetterait dans la mer à grandes brasses
comme s'il était vrai qu'on ne se baigne
jamais deux fois dans la même eau.

Le gamin, mèche rebelle, d'ailleurs
n'était plus nouveau-né : près de lui
surgissaient Chimères, larves d'un pré-monde,
voix de voyants et de déments,
visages de sages, de ceux qui eurent un nom
et l'ont perdu, les Saints, le *princeps*
des fous, celui qui embrassa le museau
d'un cheval d'attelage et fut dès lors hanté
par la nuit lumineuse.
Et bien du temps passa.
Puis tout avait changé. La mer aussi
s'était faite pire. J'en vois les assauts
cruels contre la jetée, plus de guirlandes de focs
ni de voiles, elle n'est plus le toit de rien,
même pas d'elle-même.

☆

En mes jeunes années j'habitais au troisième
et du bout de l'allée de pitosphores
le petit chien Galiffa me voyait
et à grands bonds, de l'escalier en colimaçon
me rejoignait. À présent je ne me souviens plus
s'il est mort chez nous et s'il fut enterré,
où et quand. Dans ma mémoire ne restent
que ce bond et ce jappement
et guère plus ne demeure des grandes amours
sauf si elles sont désespoir et mort.
Mais ce ne fut pas le cas du petit chien bâtard
aux longues oreilles, portant un nom
inventé par le fils du fermier,
illettré de mon âge, moins vivant
que le chien, c'est étrange, dans mon insomnie.

À PIO RAJNA

Je n'aime pas les enterrements. Les rares que j'ai suivis
perdu dans la cohorte des affligés
mais jamais trop longtemps
sont sortis de ma mémoire. Persiste
le plus ancien peut-être, presque inexplicable.
Lorsqu'un petit homme dont l'entrée ne faisait
ni braire l'olifant ni cogner Durandal

et plutôt ressemblant au Mime wagnérien
descendit dans l'hypogée où je passais des heures
et entre des bégaiements de respect joints à mon
[trouble
prononça son nom la foudre tomba sur moi
et ce feu couva sous la cendre
un moment mais l'homme ne vécut plus longtemps.
Il n'était ni artisan de la Valteline
ni paysan offrant de rares bouteilles d'Enfer
mais il faisait son nid dans les interstices
des plus anciennes sagas, sorte d'oiseau
sans ailes connu des seuls paléornithologues
ou exemplaire de feu l'*homo sapiens*
d'avant que sapience fût péché.
Certains vivent dans le temps qui leur échoit
ignorant que le temps est réversible
comme un ruban de machine à écrire.
Qui creuse le passé peut comprendre
qu'un millionième d'instant à peine
sépare passé et futur.
C'est pourquoi l'homme était si petit,
pour mieux se glisser dans les fentes.
Était-ce un petit homme ou ma mémoire a-t-elle
peine à se raviver ? Je ne sais, je me rappelle juste
n'avoir pas manqué l'enterrement. Un jour
comme un autre, en 1930.

☆

Quand j'ai commencé à peindre, ma fourmi
tu étais coincée *cap-a-pe* dans le plâtre
ma palette n'était plus qu'une croûte de vieilles teintes
fondues en une seule couleur que je laisse imaginer
feuille morte (disons) — j'ai pensé autre chose
et les résultats ont montré que j'avais vu juste
mais comment faire jaillir des iris de ces grumeaux
[merdeux,
iris ? pas même les tiens derrière tes verres noirs
comment ça va ? affreusement mal disais-tu mais certes
[il y a pire.
Un homme cloué à un poteau aurait-il pu parler ainsi
pas plus sans doute que les suppliciés célèbres
un jour place Navone un luthérien de vingt ans
sauta dans un chaudron de poix bouillante
pour ne pas devoir répudier sa foi (incroyable)
tu n'as pas atteint à ce degré de sublime
il n'y avait pas de cuve bouillante à portée de pied
et d'ailleurs tu n'aurais pu y bondir
n'étant même pas luthérienne — quel casse-tête.
Nous étions battus sur tous les terrains toi presque
[vivante
moi avec ces feuilles dignes d'un peintre
imaginaire Walter Closet.

SOUS UN TABLEAU LOMBARD

C'était le 12 octobre 1982
mon anniversaire :
deux cent mille diplômés
sans emploi
faute de mieux s'employèrent
à occuper le Palais-Madame.
Je suis moi aussi sans emploi depuis toujours
objectai-je à ceux qui voulaient me malmener.
On m'a affublé d'un peignoir blanc
avec une ceinture cramoisie il est vrai
mais mon emploi véritable le fil d'Ariane
du Vrai
je ne l'ai jamais trouvé et meurs injustement
sous vos bâtons,
vous non plus mes amis ne le trouverez pas.
Vous aussi enfilez ce peignoir
et nous serons un de plus, 200 000 plus un.
Sur ce je m'effondrai dans une bonne
bergère qui faisait face à un Crémone
— lui seul restait tranquille dans ce tumulte.

☆

Ce n'est pas ma faute
on m'a casé dans un *hôtel meublé*
qui ne fait pas restaurant.

J'en trouverais peut-être un dans les parages
mais des chars
la tortueuse fureur m'effare. Je reste
enfoncé en de piètres moelleurs, je fixe
les spirales de fumée montant du cendrier.
Mais il est presque éteint maintenant, ce mégot.
Pourtant le bruit dehors ne diminue pas.
J'ai cru un moment être le dernier
des vivants, et que d'occultes officiants
sans forme mais plus durs qu'un mur
célébraient le rite des défunts.
Je frissonnais d'horreur à me retrouver seul
épargné par une panne de l'Ordinateur.
Mais rien qu'un instant. Une ombre blanche
me frôla, celle d'un garçon servant
l'apéritif à un quidam, lui bien vivant.

À REBOURS

Parmi mes ascendants quelqu'un
lutta pour l'unité italienne
parvint à de hauts grades, porta
la grecque sur son képi, fut accusé
de fraudes électorales. Rien ne lui importait,
peut-être, rien de rien, rien ne m'importe
de lui ; son tombeau risque
d'être ouvert par pénurie
de terre, de marbre, que sais-je. Il est une mort
chronologique, une mort économique
une troisième qui n'existe pas : nul n'en parle.

Que d'ancêtres faut-il pour qu'un jour
quelqu'un écrive trois vers boiteux,
que de gens de robe de filous d'ânes
fieffés. Et dire que de là peut
même naître la culture ou la Kultur !

LE SABIÂ

Le sabiâ chante à terre, non sur les arbres
déclara jadis un poète sans ailes,
et il prédit la fin du règne végétal.
Mais existe qui ne chante ni en haut ni en bas
et j'ignore s'il est oiseau, homme ou autre animal.
Existe, existait peut-être, aujourd'hui il est réduit
à rien ou presque. C'est déjà trop pour ce qu'il vaut.

JOUR DES MORTS

Gina a allumé une grosse bougie courte pour ses [morts.
Elle l'a allumée dans la cuisine : les morts sont si [nombreux et bien loin.
Il faut remonter à quand elle était enfant
et que le café au lait était une poignée de marrons secs.
Il faut recréer un père petit et vieux
qui s'esquintait à trotter pour lui trouver un peu de vin [doux.

Le vin, lui ne le buvait ni doux ni sec,
on n'avait pas d'argent et il fallait nourrir
les porcelets qu'elle emmenait paître.
Au nombre des morts mettons aussi la maîtresse qui
[donnait
des coups de baguette sur les doigts gelés de la petite.
[Morts
aussi quelques vivants, demi-vivants bien proches
de la traversée. Mais cette foule ne compte pour rien :
elle n'a pas emmené paître les porcelets.

☆

La vie bulle infinie
de l'existant possible a décidé
de se délester de ses contenus.
Ils n'étaient pas utiles : elle a pu s'en passer
pourtant à un moment elle s'est dit un peu
de garde-robe pourrait bien me servir.
Ce furent peaux de bouc, smokings trois-pièces
une veste blanche pour festivals d'été
de blondes perruques d'âne pour femmes déplumées
et des toiles d'araignée à n'en plus finir, baume
qui guérit toutes les plaies.
Puis tout ce foisonnement monta au ciel
l'atteignit et parut enfin las.
Que te demeure encor dit le poète Monti
et en effet il ne demeurait guère ou rien
et rien de ce qui compte. Ce Chantre sot
comme tous ses pairs ne comprit pas

que s'il est vrai que le plus contient le moins
le plus pourrait aussi se lasser : nombreux en sont
les premiers signes.

APRÈS-PLUIE

Sur le sable mouillé apparaissent des idéogrammes,
pattes de mouche ou pattes d'oie. Je regarde en arrière
mais ne vois ni refuges ni asiles pour volatiles.
Sans doute est passé fatigué un canard, estropié peut-
[être.
Je ne saurais décrypter ce langage
même si j'étais chinois. Un coup de vent va suffire
à l'effacer. Il n'est pas vrai que la Nature
soit muette. Elle parle à tort et à travers
et notre seul espoir : qu'elle s'occupe
de nous le moins possible.

POUR UNE FLEUR FAUCHÉE

Peut-on dire, jeune morte,
que tu aies changé le monde ?
J'en ai la certitude sans pouvoir
la transmettre à d'autres. Nous ne sommes jamais sûrs
de nous-mêmes bien qu'ayant des yeux
et des mains pour nous voir, nous toucher.
Une trace invisible n'en est-elle pas moins

marquée ? Je te l'ai dit un jour
et toi : ce fait ne me regarde pas.
Je suis la fauvette qui lance un trille
et parfois le répète mais on ne sait
si c'est elle ou une autre. Tu en serais bien incapable
toi-même qui as de l'oreille.

ÉLOGE DE NOTRE TEMPS

On ne peut pas exagérer assez
l'importance du monde
— (du nôtre, veux-je dire)
le seul sans doute
où l'on puisse tuer
avec art et aussi créer
des œuvres d'art destinées à vivre
l'espace d'un matin — même s'il est fait
de millénaires et davantage. Non, on ne peut
le magnifier assez.
Seulement il faudrait se hâter :
l'heure pourrait bien n'être pas loin
où, comme dans la fable,
la grenouille se sera trop enflée.

LUNDI DE PÂQUES

J'habite une rue privilégiée
on y interdit les voitures
et bientôt les piétons (mais je fais exception
avec quelques autres qu'escorte un gorille).
O beata solitudo dit le Poète.
Dans les autres rues il n'y en a guère.
L'*intelligentsia* dont pour mon malheur
je faisais partie s'est divisée en deux.
Certains s'immergent et d'autres émergent.
C'est emmerdant dit-on d'un côté
et de l'autre. Dieu sait de quel côté
on s'emmerde le moins. La question
ne date pas d'aujourd'hui. Le sage expérimente
les deux termes de l'alternative en une seule fois.
Moi je suis trop vieux pour faire halte devant
les deux routes. Une troisième existait peut-être
qui m'a choisi. Et il est tard pour reculer.

☆

Voilà un demi-siècle
paraissaient les *cuttlefishbones*
me dit un étranger diplômé
désirant me complimenter.
Je voudrais l'envoyer au diable. Je n'aime

pour quelques vers ou guère plus. Je n'aime
pas qui je suis, ce que je semble. Tout n'a été
qu'un quiproquo. Et maintenant qui pourra en sortir ?

☆

La fauvette, aucun chasseur
ne l'avait tuée, que je sache.
Elle mourut sans doute en pleine matinée. Jamais
je n'en eus de nouvelles. Je suppose qu'elle a perdu
jusqu'au souvenir de moi.
Si quelque fantôme flotte autour d'ici
ne puis-je le capturer pour lui demander qui es-tu ?
Les fantômes peut-être n'ont pas plus de consistance
qu'un souffle de vent. Je pourrais être aussi
l'un de ces zéphyrs sans le savoir : léger
au point que la mise en scène de carton
qui m'entoure peut rester en place.
Il faut bien d'autres souffles pour la détruire.
Où trouveront alors refuge
ces voiles errants ? Il n'y a science
philosophie théologie qui s'en occupe.

☆

L'homicide n'est pas mon fort.
Aucun humain, quelque insecte peut-être,
quelque moustique écrasé avec une pantoufle

sur le mur.
Pendant bien des années, les moustiquaires suffirent
à les défendre. Puis, pendant très longtemps,
je suis devenu moi-même insecte, mais sans défense.
Je découvre à présent que vivre
n'est pas une question de dignité ou d'autre
catégorie morale. Ne dépend pas,
n'a jamais dépendu de nous. La dépendance
nous exalte parfois, ne nous réjouit jamais.

☆

Nous en sommes à la solitude de groupe,
fait nouveau dans l'histoire et certes
pas le meilleur aux dires
de quelque Père Carême prêchant dans le désert.
Mais il n'y a pas grand mal. Ici j'ai sur ma table
un individu collectif, marbre
de coraux plus dur que le roc.
Il semble avoir une forme définitive,
résistant au marteau. Son avantage
sur un banc d'humains : le silence.

QUESTIONS SANS RÉPONSE

On me demande si j'ai écrit
un recueil de poèmes d'amour
et si mon *onlie begetter*

est un seul ou plusieurs.
Hélas,
ma tête s'embrouille, bien des personnages
s'y superposent,
en forment un seul que je discerne
avec peine dans mon crépuscule.
Si j'avais possédé
un luth comme il se doit
pour un « *trobar* » moins « clus »
il serait facile de donner
un nom à celle qui a possédé
ma tête poétique ou le reste.
Si le nom
était conséquence des choses,
je ne pourrais nommer une seule de celles-ci
car les choses sont des faits et les faits
vus en perspective sont tout juste cendre.
Mais je n'ai disposé que de la parole,
quelque chose qui approche sans atteindre ;
et voilà,
il n'est dépositaire de mon cœur
qui ne soit dans un cercueil. Que son nom
ait été un nom ou plusieurs cela ne compte pas
pour qui est demeuré, mais en sursis,
hors de la divine inexistence. À bientôt,
mes fantômes adorés !

VIVRE

« *Vivre ? les serviteurs feront cela pour nous.* »

VILLIERS DE L'ISLE-ADAM,
Axel, IV, 2.

1

Sujet que j'eus à traiter
quand je me présentai à l'examen
d'admission à la vie.
Les candidats foule prénatale,
beaucoup ont la chance qu'on les recale.
J'écrivis sur une feuille d'air sans plume
ni porte-plume, il n'y avait pas encore de pensée.
Me fussé-je souvenu qu'Épictète enchaîné
était la liberté absolue je l'aurais dit,
si j'avais imaginé que renoncer
était l'acte le plus noble de l'homme
je l'aurais écrit mais la feuille resta blanche.
Le souvenir, objectai-je, n'anticipe pas, il suit.

Silence — enfin l'on entendit les juges chuchoter.
Puis l'un d'eux me remit le diplôme
et dit je ne t'envie pas.

2

Réponse d'enfant
du cours élémentaire. J'en rougis.
Vivre n'était pas pour Villiers la vie
ni l'outre-vie mais la sphère occulte
d'un génie qui ne recherche pas de fanfares.
Il ne méprisait pas les couches inférieures.
Il les ignorait, ignorait presque tout
et s'ignorait lui-même. Il respirait l'air
du Très-Haut comme moi l'air pestilentiel
d'ici.

LES PRESSE-PAPIERS

Quand je publiai Buffalo et Keepsake
un critique illustre, ami même, le pouce
vers le bas décréta carence de sentiment comme si
sentiment et souvenir étaient incompatibles.
À vrai dire des *keepsakes* à la lettre
j'en possède bien peu. Je n'ai ni tours penchées
en miniature ni mini-gondoles ni semblables
brimborions mais des éclairs qui s'allument
et s'éteignent. C'est tout mon bagage.
L'ennui : le souvenir, qui n'est pas hiérarchique,
ignore ce qui précède et ce qui suit,
voile l'important, ce qui nous semblait tel.
Le souvenir est un lumignon, le seul qui nous reste.

Il se peut qu'il se détache et vive indépendant.
Ce qui ne fut pas illuminé fut corporel, non vivant.
Nous avons les Dieux ou même un dieu à portée de
[main
sans rien en savoir. Seuls les fous attrapent
au vol quelque souffle. C'est une erreur d'être sur
[terre,
qui se paie.

SUR LE LAC D'ORTA

Les Muses sont là perchées
sur la balustrade
à peine un filet de brise sur l'eau
— quelques arbres illustres
magnolia cyprès marronnier
la vieille villa perd son crépi
par une vitre brisée je vois des canapés moisis
et une table de ping-pong. Ici personne ne vient
depuis des années. Un concierge fut prévu
mais, ce qu'il advient des prévisions...
Étrange, l'angoisse qu'on éprouve
sur ce rivage désert sableux herbeux
où les saules pleurent pour de bon
où stagne indécis entre vie et mort
un intermède sans public. C'est
une angoisse de limbes hésitant toujours
entre la catastrophe et l'apothéose
d'une décrépitude luxuriante.
Si chercher la clé du *puzzle* le plus troublant

n'était pas qu'une lubie
ce serait étrange de la trouver ici où même l'anguille
ne tente plus de survivre. Dans le temps habitait
une famille anglaise. Mais le gardien manque
et peut-être ces anges (Angles) n'étaient-ils
pas assez fous pour être gardés.

EN NÉGATIF

C'est étrange.
On nous a tiré des rafales
dont l'éventail ne m'a pas touché.
Toutefois je recevrai sous peu mon congé
sans doute sur papier timbré à présenter
à un quelconque bureaucrate ; il est probable
que cela suffira. Car le pire est passé.
Maintenant toute pièce d'identité est superflue, main-
[tenant
même le meilleur est superflu. Il n'y a rien
eu, absolument rien derrière nous,
et nous n'avons rien aimé désespérément plus que ce
[rien.

À TES PIEDS

Je me suis agenouillé à tes pieds
ou c'est peut-être une illusion car on ne voit
rien de toi

et j'ai demandé pardon pour mes péchés,
attendant le verdict sans grande confiance
ni beaucoup d'espoir — je ne sais
quel sens ont vus d'en haut l'avant l'après
le présent le passé l'avenir
et le fait que je sois venu au monde
sans être consulté.
Puis je penserai à la vie d'ici-bas
non *sub specie aeternitatis*,
non en remontant à l'enfance
et aux faits sans gloire qui l'ont illustrée
pour m'élever ensuite vers un après
aux portes duquel je serai.
En attendant le verdict
qui sera long ou bref bienvenu mal venu
mais toujours temporel et c'est là que commence
le casse-tête car jamais rien de bon n'est pensable
dans le temps,
je me rappellerai les objets que j'ai laissés
à leur place, choisie avec le plus grand soin,
oiseaux empaillés, quelques coupures
de journal, deux ou trois médailles
qu'on me volera, peut-être même
les photos de quelques-unes de mes Muses
qui n'ont jamais su qu'elles l'étaient,
je recenserai à nouveau ce néant
qui fut vivant parce que tangible
et me demanderai si ce n'étaient pas
elles seules, et rien d'autre, ma consistance,
et non ce corps devenu incorporel
qui s'endort presque dans l'attente.

DANS L'INHUMAIN

Il n'y a rien d'agréable
à te savoir sous terre même si l'endroit
peut ressembler à l'Île des Morts
avec un soupçon de Renaissance.
Cela n'a rien d'agréable d'y penser
mais le pire est de voir. Quelques cyprès,
des tombes de second ordre avec des fleurs artificielles,
dehors un bout de parking pour d'improbables
voitures et cars. Mais je sais que ces morts
habitaient à deux pas, toi
tu as fait exception. J'ai horreur
de songer que là-dedans quelques os
et deux ou trois babioles furent tout ce qu'on croyait
être toi et l'étaient peut-être, atroce à dire.
Sans doute dans ta hâte à t'en aller croyais-tu
que le premier parti trouve la meilleure place.
Mais quelle place et où ? On persiste à penser
avec une tête humaine alors qu'on entre
dans l'inhumain.

CE QUI EN RESTE
(S'IL EN RESTE)

la vieille servante illettrée
et barbue enterrée Dieu sait où
pouvait lire mon nom et le sien

comme des idéogrammes
peut-être ne pouvait-elle même pas
se reconnaître dans une glace
mais elle gardait l'œil sur moi
tout en ne sachant rien de la vie
elle en savait bien plus que nous
dans la vie ce que l'on gagne
d'un côté on le perd de l'autre
Dieu sait pourquoi je me la rappelle
plus que tout et que tous
si elle entrait maintenant dans ma chambre
elle aurait cent trente ans et je crierais d'épouvante.

À CELLE DU PHARE

Je suppose que tu es passée
sans laisser de traces. J'en suis certain,
ton nom était écrit ailleurs, je ne sais où.
Ce signe d'élection, c'est le plus convoité
le plus sûr, le moins intelligible
pour qui garde en poche un brevet
garantissant « une place au monde » (toi-même
tu en rirais là où tu es, si tu es encore).

SUR LA PLAGE

Un point blanc en fuite
au fil de l'horizon.
Un trimaran peut-être ou semblable autre barge.
Un pas en avant dans l'art de ces rafiots,
et aussi sans aucun doute un pas en arrière.
C'est le pas qui fascine le plus certains linguistes
[dingues.
On a voulu reculer jusqu'au siècle d'or
au Trecento, à Cavalca, qui s'en souvient ?
C'est un abbé qui le voulait, commente un baigneur
[érudit,
ce qui l'a fait rester à mi-carrière dans l'Église.
Abbé, simple abbé, et aussi un peu jacobin.
Les premières grosses gouttes trouent le sable.
Il va falloir mettre à l'abri
les pédalos, les canots pneumatiques, fermer les para-
[sols.
Le baigneur érudit prend congé,
laissant prévoir d'autres gloses assommantes.
C'est la panique, le ciel est noir mais la tempête
remet à plus tard ses efforts prématurés.
Reste le catamaran (?) unique oiseau de mer
dans le déficit presque total des cormorans.

À LA MER
(EN QUELQUE SORTE)

La dernière cigale crisse
sur l'écorce jaune de l'eucalyptus
les enfants ramassent des pignons
indispensables pour la galantine
un chien danois hurle derrière la grille
d'une villa abandonnée
les villas, les pères les avaient construites,
leurs enfants n'en ont pas voulu, il y aurait place
pour cent mille sinistrés d'un tremblement de terre
d'ici on ne voit même pas le rivage
si on peut appeler ainsi la frange
à quatre-vingts pour cent concédée aux plagistes
où il serait téméraire d'exiger
une paix alcyonienne
la mer est d'ailleurs polluée
tandis que la masse de déchets
forme des tertres ondulants de plastique
les haies disparues on a expulsé
ces délicieux enfants de la rouille
les troglodytes ou roitelets que bien souvent
les poètes ont cités. Ah oui, il y a encore
quelques fleurs de magnolia la plaque d'un pédiatre
mais ici les enfants virevoltent à bicyclette
et n'ont nul besoin de ses soins
Qui veut respirer à pleins relents
la muse de notre temps dame précarité
peut passer par ici sans se presser

on en reçoit un coup une vraie horreur
finis l'évanescence le doux zéphyr du néant
« *Hic manebimus* » si cela vous chante, pas exactement
« optime » mais le meilleur serait trop semblable
à la mort (et elle ne plaît qu'aux jeunes)

☆

Protégez-moi
mes gardiens silencieux
le soleil se refroidit
la dernière feuille de laurier
fut poussiéreuse
et n'a même pas fini dans la casserole
du rôti —
protégez-moi contre ce film
de quatre sous
qui continue à se dérouler
devant moi
et prétend m'impliquer
comme acteur ou figurant
non prévu dans le scénario —
et même protégez-moi
contre votre présence
presque toujours inutile
et intempestive
protégez-moi
contre vos absences effrayantes —
contre le vide que vous créez
autour de moi

protégez-moi contre les Muses
que j'ai vues perchées
ou même réduites à n'être qu'en demi-buste
pour mieux se cacher
de mon pas de fantôme —
protégez-moi ou mieux encore
ignorez-moi
quand j'entrerai dans la case funéraire
que je me suis offerte depuis longtemps —
protégez-moi contre ces fastes de farce
qui m'ont introduit dans le Larousse illustré
pour m'effacer ensuite
de l'édition suivante —
protégez-moi
contre ceux qui implorent votre garde
autour de mon catafalque —
protégez-moi par votre oubli
si cela peut servir à me maintenir debout
pauvres lares toujours prisonniers
de votre incertaine identité —
protégez-moi sans que personne
soit au courant,
le soleil se refroidit, ceux qui le savent
s'en réjouissent méchamment
ô vous mes dieux minimes
divinités de troisième ordre rejetées
de l'éther.

UNE ERREUR

Inévitablement
on dira qu'ici parle un *radoteur*
comme si on mesurait au nombre des années
la sagesse.
Il n'existe ni vies courtes ni vies longues
mais de vraies vies des vies-mort ou quasi.
Je ne serai pas repêché dans un fleuve
gonflé comme une éponge. C'est une erreur
qui se paie.

MORGANE

Je ne puis imaginer que ta jeunesse
se soit prolongée
si longtemps (et quel temps !).
On m'avait accusé
d'abandonner le troupeau
comme si je me sentais
illustre, *ex gregis*, que sais-je encore.
Or je m'étais contenté de dire
revenons à nos moutons (foin des brebis)
mais la foule pensa
que mon appartenance fâcheuse à un multiple
trahissait une âme déformée
et un cœur sans pitié.

Hélas fille adorée, ma véritable
Reine de la Nuit, ma Cordélia,
ma Brunehilde, mon hirondelle de l'aube,
ma *baby-sitter* si mon cerveau s'égare,
mon épée mon bouclier,
hélas comme se perdent les pistes
que traçaient sous nos pas
les Mânes qui nous ont veillés, les plus atroces
qui aient jamais été gardiens de deux humains.
On a écrit et dit que la foi nous manquait.
Peut-être en avons-nous eu un succédané.
La foi est autre chose. Ainsi disait-on mais
il n'est pas dit que le dit soit bien sûr.
Peut-être aurait suffi celle en la Catastrophe,
mais non pour toi qui pour y revenir
étais sortie du sein des Dieux.

VII

Autres vers et poésies éparses (Derniers poèmes)

Autres vers

I

vers Tellario

... dômes de feuillage d'où jaillit
polyphonie de citrons et d'oranges
et voile évanescent d'écume,
d'une mer poudrée qu'aucun pied
d'homme n'a effleurée, semble-t-il, mais déjà
le train accélère...

☆

Lorsque mon nom parut dans presque tous les jour-
[naux
une gazette française émit l'hypothèse
que je n'avais jamais existé.
Les démentis ne tardèrent pas.
Mais la fausse nouvelle était la plus vraie.
Mon existence physique s'est révélée un double,
un faux comme celle de notre planète
jouit de l'honneur du doute ces derniers temps.
Les astronomes seraient-ils donc faussaires ou mieux
faussets faussants ? La musique vocale

nécessite ce truc ou d'autres semblables.
Mais que dire du son des Sphères ?
Et du faux, du vrai ou du *pot-pourri* ?
Ce n'est pas notre tâche de démêler l'écheveau.
D'ailleurs philosophes et théologiens eux aussi
sont des vivants en chair et en os. Et le voici
le besoin, le devoir de jouer de la grosse caisse.

NOURRISSONNE DES MUSES

Remplis ta mallette
de tes *carmina* sacrés ou profanes
ma petite
et jette-la dans un courant
qui l'emporte au loin et la laisse
prisonnière, couvercle entrouvert,
de la pierraille. Quelqu'un peut-être
en sauvera quelques feuillets, sans doute
les plus mauvais, qu'importe ? Le palais,
le goût des Dieux doit différer
du nôtre et rien ne dit que ce soit le meilleur.
Ce qui importe est que de ce bouillonnement
vienne surnager quelque chose qui nous dise
tu ne me connais pas, je ne te connais pas : [pourtant
nous avions en partage la divine folie
d'être ici et non là, vivants ou soi-disant
tels, ma petite. À présent pars
et ne rends pas trop hermétique ton bagage.

II

À L'AMI PEA

Quand Léopold Fregoli entendit le pas de la mort
il se mit en habit, fleur à la boutonnière,
et dit au valet de chambre vous pouvez servir.
Récit que m'a fait Pea de la fin d'un homme qu'il
[admirait beaucoup.
Une autre fois il m'a parlé d'un hiver à Sarzana
et de toute la glace de cet exil
avec l'indifférence stoïque qui masquait sa pitié.
Pitié pour tout, pour les hommes, un peu moins pour
[lui.
Je le connaissais depuis trente ans ou plus, imprésario
et modeleur de mots et d'hommes.
Aujourd'hui, semble-t-il, tout le monde l'a oublié
et la nouvelle lui en est de quelque façon parvenue
sans le troubler. Il est occupé à prendre des notes
pour nous dire ce qui est au-delà des nuages,
au-delà du ciel bleu, au-delà du monde, ce bric-à-brac
où grâce aux dieux nous sommes tous jetés.
De simples notes sur un carnet que nul éditeur
ne pourra jamais publier : on le lira peut-être
dans un congrès de démons et de dieux
dont on ignore la date puisque hors du temps.

AU JARDIN D'ITALIE

Larbaud

Nous nous sommes rencontrés au Jardin d'Italie
café disparu depuis longtemps.
On discutait du mot *romance*
le plus ardu à prononcer, le seul
qui distingue le *gentleman* du rustre.
Puis il a commandé un punch à l'italienne
et sa diction était quelque peu *bigarrée*
(pur euphémisme).
Je voyais en lui Lothaire frappant
de porte en porte qui recherche sa Mignon.
Et la retrouvera, tandis que la mienne
était perdue.

LES PLANTES GRASSES

Un de mes lointains parents collectionnait
les plantes grasses. On venait de toute part
pour les voir. Vint aussi le célèbre (?)
de Lollis dégustateur de poésie prosaïque.
Ils s'étaient connus au Mont-Rose
restaurant pour célibataires qui a disparu.
Aujourd'hui n'existent plus
ni serres ni plantes grasses ni visiteurs

ni même le jardin où l'on venait
voir ces merveilles. Quant au parent
c'est comme s'il n'avait jamais existé. Ex-étudiant
à Zurich, recalé en tout,
quand dans notre pays les choses tournaient mal
il hochait la tête et disait à Zurich, ah à Zurich...

Je ne sais quel sens peut avoir le ridicule
dans le tout/rien où nous vivons :
il doit en avoir un et sans doute pas le pire.

☆

Il me semble impossible,
ma divine, mon tout,
qu'il reste de toi moins
que le feu rouge-verdâtre
d'une luciole hors saison.
La vérité est que même
l'incorporel
ne peut égaler ton ciel
— seules les coquilles qu'imprime le cosmos
dans leur égarement disent quelque chose
qui te regarde.

☆

Finies les nouvelles
de San Felice.

Tu as toujours aimé les voyages
et à la première occasion
tu as sauté hors
de ta niche mortuaire.

Mais à présent comment se reconnaître
dans l'Éther ?

☆

à C.

Toute la foi que j'ai en toi
durera
(je t'ai un jour dit cette sottise)
jusqu'à l'éclair d'outre-monde détruisant
l'immense dépotoir où nous vivons.
Nous nous trouverons alors en je ne sais quel point
si dire point a un sens quand l'espace
manque, discutant tel vers controversé
du divin poème.

Je le sais, au-delà du visible du tangible
nulle vie possible mais l'outre-vie

est peut-être l'autre face de la mort
que nous portions cachée en nous au long de tant
[d'années.

Toute la foi que j'ai en moi
tu l'as ranimée sans le vouloir
sans le savoir car ici-bas
chaque épave de vie contient une trappe
dont nous ne savons rien et qui peut-être
nous attendait égarés incapables
de lui donner un sens.

Toute la foi que j'ai me brûle ; certes
en me voyant on me dira homme de cendre
sans voir que c'était ma renaissance.

CLYTIE EN 34

Toujours allongée
sur la *chaise-longue*
de la véranda
qui donnait sur le jardin,
un livre en main déjà peut-être
vies de saints quasiment obscurs
et poètes baroques de maigre renom
cela n'était pas de l'amour
mais comme aujourd'hui et toujours
vénération.

EN 38

On était quelques amis
à la fête qui suit le Palio
et nous nous étions arrêtés
pour prendre les photos d'usage.
J'en ai encore une, jaune sale,
presque en lambeaux,
mais il y a ton merveilleux
incroyable visage.
On était en 38.
On a dit plus tard
que tu dérivais « à gauche »
mais la nouvelle ne m'a pas surpris
car je savais que l'Être
n'a pas d'opinions ou en a beaucoup
selon son caprice
et qui ne peut les suivre
en est poursuivi.
On était en 38.

QUATUOR

Sur un instantané jauni
d'il y a quarante ans
déniché au fond d'un tiroir
ton visage sévère dans sa douceur,

ton esclave à côté ; et derrière, Sbarbaro
bryologue et poète — et Elena Vivante
la dame de nous tous : arrivés là pour voir
quelques rosses fouettées jusqu'au sang
sur une place-coquillage
devant une foule déchaînée.
Et le temps ? Quarante ans, ai-je dit, zéro peut-être.
Je ne crois pas au temps, au *big bang*, ni à rien
qui classe les événements dans l'avant et l'après.
L'attribut d'étant convient, je suppose,
à quelqu'un, à quelque chose. Ce jour-là c'était toi.
Mais pour quelle durée, mais comment ? Revoici
[poindre
l'exécrable notion du temps.

« LA VIE S'ENFUIT »

La vie s'enfuit
et quiconque tente de la faire refluer
rentre dans l'écheveau originel :
où pourrons-nous alors cacher, si nous tentons
à l'aide de rudiments ou pire, de survivre,
les objets qui nous paraissaient
une part non périssable de nous-mêmes ?
Il était une petite étagère
qui voyageait avec Clytie, réceptacle
de Saints Pères et de poètes équivoques, ayant
la vertu de flotter peut-être
sur la crête des vagues
quand le déluge aura tout englouti.

Au moins quelques miettes de toi
sinon de moi devraient vaincre l'oubli.

Et de moi ? L'espoir est que s'effacent
le visible et le temps qui lui a
fourni la preuve douteuse que cette parole Est
(un E majuscule, seule lettre
de l'alphabet qui rend possible
ou du moins supposable l'existence).
Ensuite (tu as souvent porté
des lunettes noires et les as totalement
supprimées en même temps que les puces de John
[Donne)
prépare-toi au grand plongeon.
Nous fûmes heureux un jour, une heure un instant
et cela pourra-t-il être détruit ?
Certains disent que tout recommence
copie conforme : mais je ne le crois
ni ne le souhaite. Toi aussi
le croyais-tu ? Il n'y a pas de sibylle à Cumes
pour le savoir. Et si cela était, nul ne serait
assez nigaud pour lui prêter l'oreille.

AIMÉE DES DIEUX

Vue de notre balcon
dans un jour plus clair qu'une perle
la Corse se montrait suspendue en l'air.
Elle a réduit de moitié disais-tu
comme souvent la vie humaine.

Le vieillard s'approcha, il avait
bien cinquante ans
dis-je citant Rousseau, on ne saura jamais
combien doit durer une vie. Je ne savais pas
alors, que pour ta part,
tu résoudrais le problème,
l'envoyant promener en partie : « cette vieille barbe ! »
Je ne sais pas encore si je fus aimé ou mal-aimé des
[Dieux
ni lequel de ces Masques a raison ou a tort.
Il avait bien cinquante ans ! Ce qui est sous-entendu
dans ce *bien* pourrait aller jusqu'à me rendre fou.

AH !

Tu aimais bigarrures hybridations
croisements, animaux
qu'on pût nommer monstres superbes.
Je ne sais si au collège d'Annecy
quelqu'un s'est écrié en te voyant et te parlant
émerveillé Ah ! Depuis lors
j'avais perdu ta trace. Longtemps après
j'ai appris le pire. J'ai dit Ah ! et tenté de penser à autre
[chose.

Rares tes livres, la Bible
et le Cantique des Cantiques,
vrai labyrinthe pour ton âge
avec un énorme écriteau *cave canem*,
quelques romans du Far-West, rien
d'écrit pour l'enfance aux frontières

tellement floues. Toutefois,
si tu avais alors disparu, à toi aussi
n'aurait pas manqué un très tendre
Ah !
Mais plus tard personne
ou le bon Dieu seul, quel qu'il soit
n'a accompagné ton congé d'un Ah !
pour exprimer stupeur ou désarroi.
Quelqu'un peut-être s'est arrêté sur l'A
qui dure moins et ménage le souffle.
Puis le silence. Et maintenant la jeune infante
là où l'on survit si c'est une vie
lit mes vers boiteux, tente de reconstituer
nos visages et dit incertaine
Bah ?

Poésies éparses

I

(L'ancien)

ÉLÉGIE

Ne bouge pas.
Si tu bouges tu le brises.
Comme une grande bulle de cristal
mince
ce soir, est le monde :
il gonfle il gonfle il monte.
Qui d'entre nous
croyait en épier le rythme et le souffle ?

Mieux vaut ne pas bouger.
C'est un bleu d'eau profonde
qui nous enveloppe,
en lui
pullulent formes images arabesques.
Ici pas de lune pour nous :
c'est plus loin qu'elle doit s'arrêter :
les confins du visible en écument.

Fleurs d'ombre
jamais vues, imaginées,
vergers emprisonnés
par deux murs,
parfums entre les doigts des potagers !
Nuit sombre, crées-tu des fantômes ou berces-tu
dans tes bras un monde ?

Ne bouge pas.
Comme une bulle immense,
tout gonfle, tout monte.
Et toute cette fausse réalité
explosera
peut-être.
Nous, nous resterons peut-être.
Nous peut-être.
Ne bouge pas.
Si tu bouges tu le brises.

Tu pleures ?

MONTALE À LA GUERRE

à Sergio Solmi

Désir de serrer les mains de vieux amis
de se refléter dans les visages de naguère
sous le ruissellement d'un bleu glacé
qu'ébranle la cloche du shrapnell.

À FLOT

Matins clairs,
quand le ciel bleu est illusion qui ne vous abuse pas,
vie qui croît sans limite,
fleuve sans rives ni estuaire,
qui s'écoule pour toujours
et stagne — à l'infini.

Les bruits de la rue sont alors
fêlure dans le verre
ou pierre qui tombe
dans le miroir du lac et le ride.
Et les clameurs d'enfants
et le caquet liquide des moineaux
qui volettent entre les gouttières
sont sur un fond vif de cobalt
d'éphémères
treillis d'or...

Vois, ils se perdent dans le réseau d'échos,
dans le souffle de givre
qui descend sur les arbres effeuillés
et en tire un murmure
de mer inquiète ;
toi tu voudrais presque, et tu en trembles,
cœur à l'écoute, te dissoudre,
ne plus palpiter ! Mais pourvu que tu le souhaites,
tu bats plus net comme l'horloge

qu'on entend au loin dans une chambre
d'hôtel quand pénètre l'aurore.
Et, tu le sens alors,
même si on te répète que tu peux
t'arrêter en chemin ou en haute mer,
il n'y a nulle halte pour nous,
mais la route, la route encore,

et le parcours est toujours à refaire.

ACCORDS

(Impressions et fantasmes d'une adolescente)

7. Cuivres

Ce matin, ma jeunesse,
une fanfare en toi éclate,
voix de bronze que dilatent
mille échos, ou disperse la brise.

Vois, courte joie, longtemps attendue,
qui entres dans ma vie ; toute ceinte
de fleurs, comme grâce à toi l'oppressante
mélancolie des jours passés est vaincue !

Ô printemps fugitif, vois comme s'apaisent les âmes
[que pénètre
ton souffle, comme les yeux se font sereins,

et grâce à toi campent tout là-haut, plus loin que les
[couchants troubles,
des arcs-en-ciel !

(Unisson fracassant d'instruments. Le spectacle de la Vie
[commence.)

LETTRE LEVANTINE

Je voudrais que ces syllabes
que d'une main hésitante d'écolier
je vous trace avec peine
vous parviennent en un jour d'ennui
sombre : lorsque midi
n'exhale d'autre parole
que celle d'une gouttière qui ruisselle :
en nous pas la moindre conviction
ne résiste à la minute qui ronge,
les murs d'un blanc glacé nous bravent
et l'horreur de vivre monte à la gorge.

Vous vous souviendrez alors, j'en suis sûr,
du compagnon de tant d'heures passées
dans les rues pavées de briques,
qui sillonnent, épousant creux et montées,
nos collines naines que revêt la maigre
dentelle de branches nues.
Vous croirez alors ne plus courir seule
sous les dômes ébouriffés des oliviers,
d'élans en arrêts brusques,

semblant toute menue en un éclair.
Ou votre mémoire alors s'emplira
des arbres que nous avons connus,
et vous reverrez les palmiers chevelus
et les cédrats feuillus,
ou les néfliers qui vous sont si chers.

Voici le souvenir de moi que je voudrais
fixer dans votre vie :
être l'ombre fidèle qui accompagne
et ne demande rien pour elle ;
l'image surgie d'une estampe mitée,
témoin oublié d'une enfance, qui recrée
l'instant de paix dans la journée fiévreuse.
Et si parfois une force inconnue
vous soutient dans un labyrinthe
d'heures brûlantes,
puissiez-vous imaginer
que vous a pris la main quelques instants
en secret,
non l'Ange des livres édifiants
mais votre ami discret !

Écoutez encore, je veux vous dévoiler quel fil
unit nos lointaines existences
et me fait vous comprendre même dans votre silence, [comme si
j'entendais votre voix, ombres et transparences.
Un jour vous me parliez de votre enfance
écoulée parmi chiens et chouettes
d'un père chasseur ; et moi je vous ai crue
depuis lors imprégnée de l'essence
dernière des phénomènes, racine

des plantes touffues de la vie.
Ainsi tandis qu'inconscientes
vos semblables passaient leurs jours
dans les jeux ou dans les vains
soucis du monde, nonchalantes,
vos jeunes automnes, mon amie,
si purs de tout stigmate,
entrevoyaient déjà la Clef
de l'énigme qui nous harcèle.

Moi aussi j'ai souvent au temps de ma rustique
adolescence levantine
grimpé leste avant le matin
vers les abruptes cimes blanchies par l'aube ;
à mes côtés marchaient des compagnons
au visage brûlé de soleil.
Silencieux, les poings serrant
d'antiques arquebuses,
on allait en haletant dans l'obscurité ;
ou quelquefois on s'arrêtait
pour mesurer des doigts
la poudre noire et le gros plomb
tassés au fond de leur canon.
Blotti au creux d'un buisson j'attendais
l'heure où la longue couronne
des palombes sauvages
monterait des vallons
fumants des oliveraies,
volant vers le faîte du mont
où alternaient ombre et soleil.
Lentement je visais leur guide
tout gris en tête de file, je pressais
la détente : le coup partait dans le ciel bleu,

sec comme du verre qui se brise.
L'oiseau atteint déviait, semait en l'air
des touffes de plumes, disparaissait
comme un papier qu'emporte le vent.
Tourbillon d'ailes folles à la ronde
et le prompt retour du silence.

Et j'ai de même appris en ces journées
d'enfance, quand je regardais
le lièvre tué dans les vignes basses
ou l'écureuil cuivré qui arbore
sa queue comme une torche
rouge de pin en pin,
que ces menus hôtes du maquis
portent longtemps parfois
sous leur pelage la grenaille
de vieilles blessures guéries
avant qu'un plomb plus sûr
les couche à terre pour toujours.

Je divague sans doute : mais la pensée
de moi-même et votre souvenir réveillent
mes visions de bestioles blessées ;
et je n'évoque jamais nos vies
dissemblables
sans que le cœur retrouve
des impressions rudimentaires
et des images antérieures
à la vie difficile
qu'est à présent la nôtre.
Ah je comprends, et vous aussi
le sentez : plus que la même impression
qui nous rend fraternels arbres et vent ;

plus que la nostalgie du ciel pur
que conservait notre regard ;
ce qui nous a unis c'était
un très ancien pressentiment
d'être tous deux meurtris
par l'obscur mal universel.

Notre rencontre fut comme des retrouvailles
après de longues années d'errance,
en un clin d'œil le rouet du Temps
a dévidé pour nous un fil interminable.
Sans surprise nous marchions côte à côte
avec des paroles simples et des visages sans masque.
Je songe aux temps passés :
la tombée du jour, la lumière qui renaît
m'étreignaient si fort
que je ne savais avec qui partager
ma dure richesse, et pourtant je sentais
autour de moi le flux d'une puissance
bienveillante, la surprise soudaine,
entre quelque autre et moi, d'un franc compagnon-
[nage.
Je comprends que vous vous trouviez à mes côtés
dès ces instants ; vous y êtes encore,
quoique lointaine, en ce jour las
qui s'achève sans apothéose ;
ensemble nous regardons luire
toutes blanches dans la houle et les épaisses brumes
les falaises des Cinq-Terres
que flagelle l'écume.

☆

Descendons le chemin qui dévale
parmi les ronces enchevêtrées ;
le vol d'un papillon nous guidera
face aux horizons que brisent les rivières.

Refermons derrière nous comme une porte
ces heures de doute et de nœuds dans la gorge.
De nostalgies non dites que nous importe ?
Même l'air autour de nous vole !

Et voici qu'à un détour
surgit la ligne argentée de la mer ;
nos vies anxieuses jettent encore l'ancre.
Je l'entends plonger — Adieu, sentier ! À présent
je me sens tout fleuri, est-ce d'ailes ou de voiles...

☆

Douces années dont les lointains reflets
éclairent nos dernières, englouties
par un flot qui déborde,
années perdues où l'aventure
était dans les broussailles
couronnées de vols tournoyant sur notre champ
ou dans un éclair de tarente s'esquivant

sur les lézardes des murs ;
douces années que je distingue comme une faible
lumière dans le brouillard et qui autour de moi
se consument sans flamme, brûlure
infinie qu'une bise incessante attise,
visages et pensées que j'ignore et contemple
éperdu,
années qu'en son cercueil tout proche
suivra celle qui voit sans comprendre
quand l'entraîneront les remous du gouffre
qui broie les existences pour les descendre
dans les ténèbres.

II

(Le nouveau)

ÉVENTAIL
POUR SANDRA FAGIOLI

L'épithalame n'est pas dans mes cordes,
jamais le bonheur n'a été ma Muse,
la mariée je l'ai vue à peine, un instant, entre les
[haubans
d'un trois-mâts qui du sombre Nord
abordait à l'île. J'offre « au petit bonheur » mon écrin
[de vœux scellé.

Pour elle, non pour moi, car la *boîte à surprise*
est faite pour celle dont le prénom décapite
[CAS-SANDRE.
La gemme qui s'y cache, fruit d'une surprenante
mainmise du bien sur le mal, je l'ai appelée Espérance.

☆

Pour moi l'aiguille
de la balance
c'est toujours toi.
On m'a demandé qui tu es. Si je le savais,
je le clamerais. Et je serais captif
de ces barreaux dont personne ne s'évade.

MALADIE

Si la production se ralentit
Dieu sait où nous allons finir
moi je n'ai jamais rien produit
et je sais trop bien où...

Les meurtres aussi entrent
dans le chiffre d'affaires
mais je n'ai tué que deux grives
et un merle bleu

voilà un demi-siècle
et même si le juge ferme les yeux
je ne pourrai en faire autant
affligé comme je le suis de l'incurable
impardonnable maladie
de la pitié.

PAGE D'ALBUM

S'étant assuré
que son cœur ne vieillit pas
le pentadocteur
se regarde dans la glace
avec horreur.

INTERVIEW IMAGINAIRE[1]

— ...

— Si j'ai bien compris votre question, vous voudriez savoir à partir de quand, à la suite de quelle cause fortuite, en face de quel tableau sur son chevalet j'ai poussé le fatidique : « *Anch'io son pittore !* » Comment je me suis déterminé et reconnu dans mon art, mon art qui n'a pas été la peinture. Il est bien difficile de le dire. Il n'y a jamais eu chez moi d' « engouement poétique », ni le moindre désir de « me spécialiser » en ce sens. En Italie, à l'époque, presque personne ne s'occupait de poésie. Les meilleurs écrivains et critiques, qui bien vite se rassemblèrent autour de la revue *La Ronda*[2], pensaient que désormais la poésie devrait s'écrire en prose. Je me souviens qu'ayant publié mes premiers vers dans une petite revue je rencontrai l'ironie de mes quelques amis, tous déjà plongés dans la politique vers 1922-1923, tous plus ou moins antifascistes. Piero Gobetti lui-même, qui imprima mon premier livre en 1925, ne fut pas trop content lorsque je lui envoyai un article politique pour sa *Rivoluzione liberale.* Il croyait lui aussi qu'un poète ne pouvait et ne devait pas *s'y connaître* en politique. Il avait tort : sans compter que je n'étais pas bien sûr d'être poète.

— ...

— En suis-je sûr aujourd'hui ? Je ne saurais dire. La poésie, d'ailleurs, est une des multiples possibilités positives de la vie. Je ne crois pas qu'un poète se place au-dessus d'un autre homme si celui-ci existe authentiquement, s'il est quelqu'un. Je me suis moi aussi donné, en temps utile, une teinture de psychanalyse, mais même sans devoir recourir à ces lumières j'ai vite pensé, et pense encore, que l'art constitue la forme de vie de ceux qui en vérité ne vivent pas : une compensation, un ersatz. Cela ne justifie nullement, du reste, le repli dans une tour d'ivoire : un poète ne doit pas renoncer à la vie. C'est la vie qui se charge de lui échapper.

— ...

— J'ai écrit mes premiers vers lorsque j'étais enfant. C'étaient des vers humoristiques, avec de bizarres rimes tronquées [3]. Par la suite, ayant connu le futurisme, j'ai aussi composé quelques poésies burlesques du genre *fantaisiste*. Plus tard, en 1926, j'ai publié un court essai sur Jean Pellerin. Mais je n'étais pas encore sûr de moi. Des ambitions plus concrètes et plus étranges m'attiraient. Je travaillais alors pour débuter dans le rôle de Valentin dans le *Faust* de Gounod. C'est également par cette porte qu'a dû me pénétrer l'expérience — plutôt que l'intuition — de l'unité fondamentale qui lie entre eux les différents arts. On faisait d'excellents pronostics, mais quand mourut mon professeur, grand interprète de Verdi, je changeai de cap, car, en outre, l'insomnie ne me laissait pas de répit. L'expérience m'a été utile : il existe une problématique qui consiste à « situer », à « placer » non seulement la voix dans le domaine du chant, mais toute chose dans les autres domaines où l'homme crée. Un problème de ton. Et je crois être demeuré un des rares hommes de notre temps à comprendre notre mélodrame italien. C'est au mélodrame de Verdi que nous devons le retour surprenant, en plein XIXᵉ siècle, de quelques flammes du feu de Dante ou de Shakespeare. Parfois mêlé au feu d'un Victor Hugo, mais peu importe.

— ...

— De bonne heure, j'ai lu les œuvres de certains poètes liguriens, peu connus à l'époque [4]. C'est là où ils adhéraient le mieux aux fibres de notre sol qu'ils représentaient, sans aucun doute, une leçon pour moi. Ils n'ont été tirés de l'oubli que sur le tard, après mes *Os de seiche*. En de semblables cas on pourrait affirmer avec J.-L. Borges que « chaque poète crée ses propres prédécesseurs ». À l'avantage de l'un et des autres, bien sûr.

— ...

— Oui, lorsque je commençai à écrire les premiers *Os de seiche* j'avais quelque idée de la musique nouvelle et de la nouvelle peinture. J'avais entendu les *Minstrels* de Debussy et je m'étais efforcé de les transposer en poésie [5]. Et j'avais lu *Gli Impressionisti* du trop décrié Vittorio Pica [6]. Je dois dire aussi qu'après les poésies burlesques j'écrivis quelques sonnets d'un ton philosophico-parnassien. Mais dès 1916 j'avais, *tout entier à ma proie attaché*, composé un fragment : « *Meriggiare pallido e assorto* » (« *À midi* »). La proie, c'était, bien entendu, *mon* paysage.

— . . .

— Non, même à cette époque je savais faire une distinction entre description et poésie, mais j'avais conscience que la poésie ne peut tourner à vide et qu'il ne peut se produire de concentration qu'après l'éparpillement. Toutefois l'excès d'exercices fatigue la voix, en gâte le timbre pour toujours. Je ne nie pas qu'un poète doive s'essayer au métier, mais les meilleurs exercices sont intérieurs — médiation, lectures. Lectures de toute sorte, non pas seulement de poésie. Il n'est pas nécessaire qu'un poète passe son temps à lire les vers des autres, mais on ne conçoit pas non plus qu'il ignore les innovations techniques apparues dans son art. Aujourd'hui, pourtant, la grande pépinière de trouvailles poétiques est la prose. Autrefois on pouvait tout exprimer en vers, et ces vers semblaient, voire étaient parfois, de la poésie. Aujourd'hui on ne dit en vers que certaines choses [7].

— . . .

— Vous dire lesquelles, ce n'est pas facile. Depuis bien des années la poésie se fait moyen de connaissance plutôt que de représentation. Souvent on la destine à un tout autre sort et on voudrait la revoir sur les places. Mais ceux qui s'y laissent prendre et descendent sur l'agora ne tardent pas à être sifflés.

— . . .

— Des textes théoriques sur l'existentialisme, j'en ai toujours connu très peu, mais j'ai lu, il y a bien longtemps, certains ouvrages de Chestov, un kierkegaardien très proche des positions de l'existentialisme. Après 1919 j'éprouvai quelque satisfaction à l'étude de l'immanentisme absolu de Giovanni Gentile. Plus tard, j'ai préféré le vaste système constitué par le positivisme idéaliste de Benedetto Croce ; mais, dans les années peut-être où je composais les *Os de seiche* (entre 1920 et 1925), c'est la philosophie des contingentistes français qui agissait sur moi — Boutroux surtout, que j'ai connu mieux que Bergson. Le miracle était à mes yeux évident comme la nécessité. Immanence et transcendance ne sont pas séparables, et se faire un état d'esprit de la perpétuelle médiation entre les deux termes, comme le propose l'historicisme moderne, ne résout pas le problème, ou bien le résout par un optimisme de parade. Il faut vivre sa propre contradiction sans échappatoires, sans non plus trop y prendre goût et sans en faire une marchandise de salon.

— . . .

— Non, en écrivant mon livre (un livre qui s'est écrit de lui-même) je ne me suis pas laissé porter par des idées de ce genre. Les intentions dont je vous fais part aujourd'hui sont toutes venues *a posteriori*. J'obéissais à un besoin d'expression musicale. Je voulais ma parole plus proche du réel que celle des autres poètes que j'avais connus. Plus proche du réel, en quel sens ? Il me semblait vivre sous une cloche de verre, et pourtant je me sentais proche de quelque chose d'essentiel. Un voile subtil me séparait du *quid* définitif. L'expression absolue eût provoqué la rupture de ce voile : une explosion, la fin de l'illusion du monde comme représentation. Mais c'était là une limite inaccessible. Et ma volonté d'adhérence au réel — j'entends : à la vie — restait simplement musicale, instinctive, non pas née d'un programme. À l'éloquence de notre vieille langue littéraire [italienne] je voulais tordre le cou, voire au risque de tomber dans la contre-éloquence.

— . . .

— Les symbolistes français, je ne les connaissais qu'à travers la première édition de l'anthologie de van Bever et Léautaud. Plus tard j'en ai su bien davantage. Ces expériences étaient déjà dans l'air, toutefois ; présentes même à ceux qui ne connaissaient pas les textes originaux. Nos futuristes, de même que les écrivains de *La Voce* [8], les avaient retenues et souvent mal comprises.

— . . .

— Mon premier livre ne parut pas obscur lors de sa publication. Mais les premières appréciations furent peu nombreuses et contradictoires. En réalité c'était un livre difficile à situer. Il contenait des poésies qui dépassaient les intentions que j'ai évoquées, et des poèmes (comme *Rivages*) qui constituaient une synthèse et une guérison prématurées, de sorte qu'elles étaient suivies d'une rechute ou d'une désintégration (*Mediterraneo*, par exemple, que du point de vue de la forme j'accepte aujourd'hui encore). Le passage des *Os* aux *Occasions* est marqué par les pages ajoutées en 1928.

— . . .

— Il est curieux que plus tard le premier livre ait, à certains, semblé plus concret que le suivant. Je l'avais pourtant écrit en serrant les dents, sans le détachement et le calme que beaucoup jugent nécessaires à l'acte créateur. Peut-être l'antidote de la culture classique, toujours présent chez les Italiens, agissait-il sur moi. Quand j'étais jeune, je ne comprenais pas Dostoïevski ; je préférais des livres comme *Adolphe*, *René*, *Dominique*. Je lisais Maurice de

Guérin. Et bien vite je commençai à déchiffrer quelques sonnets et quelques odes de Keats. J'éprouvais très fortement le sentiment de la différence qui existe entre art et document. Aujourd'hui je me sens plus prudent, moins capable de trancher et d'excommunier.

— ...

— Ayant changé de milieu et fait quelques voyages à l'étranger, je n'osai plus jamais me relire sérieusement et j'éprouvai le besoin d'aller plus au fond des choses. Jusqu'à trente ans je n'avais connu presque personne, à présent je ne voyais que trop de monde, mais ma solitude n'était pas moindre qu'au temps des *Os de seiche*. J'essayai de vivre à Florence avec le détachement d'un étranger, d'un Robert Browning, mais je n'avais pas compté avec les podestats féodaux dont je dépendais. Du reste, la cloche de verre persistait à m'enserrer, et désormais je savais qu'elle ne se briserait jamais. Mais pendant ce temps je sentais naître en moi le besoin d'une poésie lyrique plus stricte, plus étroitement attachée à sa proie, moins explicative. Je ne pensais pas à un lyrisme pur au sens que, chez nous aussi, le mot a pris ensuite, à un jeu de suggestions sonores et de lointaines analogies ; mais plutôt à un fruit qui devrait contenir ses motifs sans les dévoiler explicitement, ou mieux, sans les assener au lecteur. Si l'on admet qu'en art il existe un équilibre balancé entre le dehors et le dedans, entre l'occasion et l'œuvre-objet, il me fallait exprimer l'objet et dévoiler au minimum l'occasion créatrice. Manière nouvelle, non parnassienne, de plonger le lecteur *in medias res*, absorption totale des intentions par les résultats objectifs. Là aussi j'étais poussé par l'instinct, non par une théorie (la théorie d'Eliot sur le « corrélatif-objectif » n'existait pas encore, il me semble, lorsqu'en 1928 mon *Arsenio* parut dans sa revue *Criterion*). Au fond, je ne crois pas que le nouveau livre ait contredit les résultats du premier : il en éliminait quelques scories et tentait d'abattre une barrière entre intérieur et extérieur qui me semblait inconsistante même pour une théorie de la connaissance. Tout est intérieur et tout est extérieur pour l'homme d'aujourd'hui : sans que ce qu'on nomme le monde soit nécessairement la représentation que nous nous en faisons. On vit avec un sentiment nouveau du temps et de l'espace. Dans les *Os de seiche* tout était attiré et absorbé par la mer en fermentation ; plus tard j'ai vu que, pour moi, la mer se trouvait partout et que même l'architecture classique des collines toscanes était elle aussi mouvement et fuite. Dans mon second livre, j'ai donc continué la lutte pour creuser une nouvelle dimension dans notre lourd langage polysyllabique qui me semblait se refuser à une expérience comme la mienne. Je le répète, cette lutte n'avait rien d'un programme. Peut-être étais-je aidé par ma longue activité forcée de traducteur[9]. J'ai souvent maudit notre langue, mais c'est en elle et par elle que j'en suis venu à m'avouer incurablement italien : et sans regrets.

— ...

— *Les Occasions* étaient une orange, ou mieux un citron, dont il manquerait un quartier : non pas juste celui de la poésie pure au sens que j'ai indiqué, mais au sens de « pédale », de « profondeur musicale » et de « contemplation ». Les poésies de la plaquette suivante — *Finisterre* — portent à son extrême limite mon expérience, disons, pétrarquiste. J'ai projeté la Selvaggia, la Mandetta ou la Delia (applez-la comme vous voulez) des *Motets* sur l'arrière-fond d'une guerre cosmique et terrestre, sans but et sans raison, et je m'en suis remis à elle, femme ou nuée, ange ou procellaire[10]. Le motif se trouvait déjà préfiguré dans les *Nouvelles Stances,* écrites à la veille de la guerre. Il fallait peu pour être prophète. Le petit recueil, avec l'épigraphe de d'Aubigné qui fustige les princes sanguinaires, était impubliable en Italie en 1943. Je le fis donc imprimer en Suisse et il parut à Lugano peu avant le 25 juillet[11]. Dans une édition ultérieure, augmentée, à côté de quelques poésies étrangères au thème principal, on trouve *Iris,* personnage en lequel revient vers nous, continuatrice et symbole de l'éternel sacrifice chrétien, la sphinge des *Nouvelles Stances* qui avait quitté l'Orient pour aller éclairer les glaces et les brumes du Nord. C'est elle qui paie pour tous, c'est elle qui expie pour tous. Et seul la reconnaît le Nestorien, l'homme qui saisit le mieux les affinités qui relient Dieu aux créatures incarnées, non pas le spiritualiste niais ou le monophysite abstrait et rigide[12]. C'est chez moi le seul exemple de poésie onirique. *La tourmente et autres textes,* paru en 1956, est mon troisième livre, celui que je considère comme le plus important : même si on ne peut le comprendre qu'en reparcourant tout l'itinéraire précédent. Dans la première partie, qui contient *Finisterre,* la recherche effectuée dans *Les Occasions* est portée à ses conséquences extrêmes : l'entrelacs des rimes et des assonances se fait plus serré, et je m'étonne que personne n'ait avancé le nom de Gerard Manley Hopkins. D'une certaine façon je cherchais moi aussi mon *sprung rhythm.* Dans la seconde partie du livre se relâchent quelque peu les mailles d'une texture presque trop rigoureuse auparavant, mais inchangé demeure le jeu des images « profondément incorporées à la texture verbale ;... elles se présentent à l'intérieur du langage un peu comme des nœuds dans le bois ou des noyaux dans la pierre » (A. Pieyre de Mandiargues, *La Nouvelle Revue Française*, janvier 1960). *La tourmente et autres textes* offre un vivant reflet de ma condition historique, de mon « actualité d'homme ». Des poèmes comme *Printemps hitlérien, Le rêve du prisonnier, Petit testament, Les processions de 1949* sont le témoignage d'un écrivain qui a toujours refusé le cléricalisme sous ses deux formes opposées (la « noire » et la « rouge ») qui aujourd'hui [1964] affligent l'Italie.

Je remercie Patrice Angelini ainsi que les autres traducteurs pour leur sollicitude. Je serais heureux, certes, si, par leur truchement, je pouvais, en France aussi, éveiller l'intérêt de quelques âmes fraternelles.

Eugenio Montale
(1946-1964).

CHRONOLOGIE

La longue vie de Montale — mieux connue depuis sa mort — ponctuée de coïncidences et d'épisodes insolites tenant du miracle qui semblent droit sortis de son œuvre, s'ordonne en trois temps, comme si un destin musicien avait composé l'existence de ce mélomane qui lui-même divisait en mouvements symphoniques ses recueils.

I. GÊNES, L'APPRENTISSAGE (1896-1927)

1896. 12 octobre (coïncidence pour le futur intellectuel cosmopolite et traducteur : *Columbus Day, Día de la Hispanidad*) : naissance à Gênes, corso Dogali, d'Eugenio — qui, adulte, se fera surnommer Eusebio —, dernier-né des six enfants de Giuseppina Ricci et Domingo Montale qui co-dirige une maison d'importation de produits pour bateaux.

1900-1905. Construction de la « maison aux deux palmiers » à Monterosso, sur la sauvage côte des Cinqueterre (Riviera du Levant, à l'est de Gênes). Eugenio y passera ses étés jusque vers 1926.

1908. Eugenio est élève des Pères Barnabites à Gênes.

1911. Eugenio élève d'un institut technique. L'été, ses frères et lui forment un ensemble vocal d'amateurs.

1915. Apprenti baryton chez Ernesto Sivori, Eugenio fait partie de la claque de l'opéra de Gênes. Juin : diplômé expert-comptable (il n'ira pas à l'université, contrairement à une légende), il n'est astreint à aucun métier : privilège des cadets de la bourgeoisie génoise. Lectures intenses, françaises et italiennes, dirigées par sa sœur aînée Marianna (influences philosophiques : Bergson, Boutroux, les modernistes catholiques). « Genio » perfectionne son français appris à l'école, apprendra tout seul l'anglais et l'espagnol.

1916. Premier article, qu'il publie comme « nègre » de Vittorio Guerriero, sur un opéra de Leoncavallo auquel il n'a même pas assisté : satisfaction du compositeur. Première poésie : « *À midi...* » (« *Meriggiare* »).

1917. Août : mobilisé, il rencontrera Sergio Solmi à l'école d'infanterie de Parme.

1918. Malgré une santé fragile, il est, sur sa demande, envoyé au front dans la Vallarsa (près de Trente : Valmorbia, Cumerlotti, Anghebeni). Lors d'une sortie de nuit avec ses hommes, il capture par hasard trois Autrichiens : l'un des prisonniers a Rilke dans sa poche.

4 novembre : armistice austro-italien. Montale commande près de Turin un camp de prisonniers autrichiens dont certains, des poètes, deviennent ses amis. À Turin, amitiés littéraires déterminantes.

1919. Novembre : premier voyage à Venise et Trieste, ses villes de prédilection.

1920. Démobilisé lieutenant et médaillé, Montale fréquente à Gênes écrivains et poètes (Camillo Sbarbaro), artistes (Francesco Messina, sculpteur, Filippo De Pisis, peintre), publie des articles (critique littéraire et musicale). À Monterosso, il rencontre sa première inspiratrice, Anna degli Uberti, fille d'amiral, seize ans (Annette, Arlette, Aréthuse, la Fauvette, la « jeune morte »), descendante de Farinata (*Enfer,* X).

1922. Premiers poèmes publiés, dans *Primo Tempo* (Turin).

1923. Mort de Sivori : Montale renonce à l'opéra, mais cultivera le chant en privé. Été : dernier séjour d'Anna à Monterosso : elle sera désormais « morte ». Deuxième inspiratrice, à Gênes : Esterina Rossi.

Hiver 1923-1924 : amitié avec Roberto (Bobi) Bazlen (1902-1965), Juif triestin qui sera le « conseiller culturel » de Montale.

1924. À Viareggio, rencontre de l'écrivain Enrico Pea, ami d'Ungaretti. À Carrare, Montale fréquente l'architecte Nicoli et sa femme Paola, Péruvienne d'origine génoise à qui il écrit : « Ma poésie tout entière est attente du miracle. »
À Rome, rencontre du critique Alfredo Gargiulo et d'Emilio Cecchi.

1925. Janvier : Piero Gobetti, jeune intellectuel antifasciste, publie à Turin *Os de seiche* (primitivement : *Épaves*), premier recueil. Montale signe le Manifeste antifasciste lancé par Benedetto Croce en réponse au Manifeste des intellectuels fascistes de Giovanni Gentile. Dans *L'Esame* (novembre-décembre) paraît son *Omaggio a Italo Svevo* (pseudonyme d'Ettore Schmitz) qui rend célèbre le romancier triestin avant même l'article de Benjamin Crémieux publié dans *Le Navire d'argent* (Paris).

1926. 27 juin : Montale rencontre à Milan « M. Schmitz » qu'il identifie devant la Scala sans l'avoir jamais vu. Svevo l'invite à Trieste : Montale y rencontre Umberto Saba. Il écrit un poème sur Dora Markus, amie de Bazlen, sans la connaître. Correspondance avec Valery Larbaud (jusqu'en 1937). Été : il rencontre Ezra Pound à Rapallo, et plus tard fréquentera Henry Furst à Recco (Ligurie). En décembre débute sa collaboration à *Solaria*, célèbre revue florentine « européenne ». Entre 1926 et 1934 se situe sa rencontre avec le poète autrichien Theodor Daübler.

II. FLORENCE, L'APPROFONDISSEMENT (1927-1948)

1927. Février : Montale s'établit à Florence, alors capitale intellectuelle de l'Italie, employé chez l'éditeur Bemporad. Il rencontre Drusilla Tanzi (« Mosca »), Juive triestine comme Svevo et Saba, épouse du critique d'art Matteo Marangoni ; et Gerti Tolazzi, née Fränkl à Graz.

1928. 13 septembre : mort accidentelle de Svevo.
Sous l'influence de Cecchi et de Mario Praz, Montale aborde les poètes anglais.

1929. Mars : Montale, choisi au hasard parce que non fasciste par le

comte Della Gherardesca, podestat de Florence, descendant d'Ugolin *(Enfer, XXXIII)*, est nommé directeur du Cabinet de lecture Vieusseux, bibliothèque florentine renommée. Il fréquente le célèbre café littéraire des *Giubbe rosse* (romanciers : Carlo Emilio Gadda, Guido Piovene, Elio Vittorini ; poètes : Salvatore Quasimodo ; peintres : Renato Guttuso, Alberto Magnelli) et le critique d'art américain Bernard Berenson.
Juillet : première rencontre avec Larbaud, à Gênes.
Août : premier voyage en France : Chamonix, le lac d'Annecy, avec Giansiro Ferrata ; septembre : Paris.

1930. Premier voyage en Suisse (Genève). — Montale fait publier par les éditions Solaria le premier recueil de Quasimodo *Eaux et terres.*

1931. Mort à Gênes de Domingo Montale.

1932. Parution de *La maison des douaniers et autres vers*, ébauche des *Occasions*, qui remporte le premier d'une longue série de prix littéraires. — Août : premier voyage en Angleterre (Londres) ; puis en septembre, à Nuremberg et Vienne.
Selon certains, voyage en Espagne et découverte de Jorge Guillén.

1933. Printemps : Montale rencontre Irma Brandeis (au nom miraculeusement emblématique, feu et glace, « oxymoron permanent »), jeune universitaire américaine d'origine juive autrichienne, en stage à Florence où elle habite à la Pensione Annalena, sa principale inspiratrice après Anna (elle sera Clizia, Iride), et une amie de Clizia, Hannah Kahn ; il fréquente un milieu cosmopolite.
Août : voyage en Angleterre (Eastbourne).
À Florence, Montale rencontre Paul Valéry dont il avait lu *Charmes* dès sa parution (1922).

1934. Premier voyage à Naples : amitiés littéraires.
Montale commence à fréquenter la Biennale de peinture de Venise. La revue *Solaria* est supprimée par le fascisme pour avoir publié *L'œillet rouge* de Vittorini.

1935. Installé au centre de la vie littéraire (« j'influençais, j'influençais »), Montale fréquente romanciers (Alessandro Bonsanti, Tommaso Landolfi, Arturo Loria, Curzio Malaparte, Vasco Pratolini), critiques (Contini, connu en 1933, Ferrata, Solmi), poètes (Attilio Bertolucci, Piero Bigongiari, Alfonso Gatto, Mario Luzi, Vittorio Sereni). Il impressionne (« il Professore »), tant par son immense culture que par son « mutisme » (Contini).

1936. Montale fait publier par les éditions Solaria le recueil *Travailler fatigue* de Cesare Pavese.

1937. Sous les arcades de Modène, il croise un valet en livrée tenant en laisse deux jeunes chacals (voir p. 96).

1938. Lois raciales de Mussolini : Montale aperçoit Liuba Blumenthal, amie de Bazlen, en partance pour l'Angleterre.
9 mai : passage de Hitler à Florence.
Octobre : mort à Milan de Marianna, épouse de Luigi Vignolo.
Décembre : Montale est licencié comme non fasciste. Surveillé par la police, il vivra d'articles et de traductions (de l'anglais surtout). Clizia lui propose de l'accompagner aux États-Unis. Incapable de se décider, Montale songe au suicide.

1939. Février : Clizia regagne les États-Unis. Avril : Montale « enlève » Mosca qui devient sa compagne. — Octobre : parution des *Occasions*, deuxième recueil, dédié à I. B. — grand retentissement chez les jeunes lecteurs.

1941. Rappelé dans la territoriale en 1940, Montale est réformé définitivement et félicité par un médecin-major réputé intraitable pour avoir écrit *Os de seiche*.

1942. Mort à Monterosso de Giuseppina Ricci Montale.

1943. Publication à Lugano, grâce à Contini, de *Finisterre*, ébauche de *La tourmente*. — Hiver 1943-1944 : Montale cache chez lui Saba et Carlo Levi.

1944. Août : libération de Florence. — Septembre : suite aux privations, Mosca contracte une tuberculose osseuse. — Décembre : venue de Cavriglia (près d'Arezzo), Gina Tiossi entre au service de Montale et Mosca.

1945. Membre du Comité de Libération de Toscane, Montale, inscrit à l'éphémère Parti d'Action, devient journaliste politique. Convalescence de Mosca à Forte dei Marmi (côte toscane). Juillet : Montale l'y rejoint, exécute ses premiers dessins et toiles (art figuratif mais sobrement réduit à l'essentiel). Il y passera tous ses étés, dessinant et peignant, jusqu'à sa mort, et y fréquentera plus tard, entre autres, Henry Moore, Carmelo Bene, y rencontrera Laura Papi, sœur d'Anna Maria dans la villa de qui il séjournera.

1946. Janvier : début d'une longue collaboration au *Corriere della sera* et au *Corriere d'informazione* de Milan. — Montale reçoit chez lui à Florence Paul Éluard.
Voyage en Angleterre et à Édimbourg.

III. MILAN, LA CONSÉCRATION (1948-1981)

1948. Janvier : le *Corriere della sera* demande à Montale d'improviser un article sur l'assassinat de Gandhi. Le texte *(Missione interrotta)*, non signé, lui vaut un engagement comme rédacteur. Il s'installe à Milan, hôtel Ambasciatori (centre), a pour collègue de rédaction Dino Buzzati. À Milan il fréquentera, entre autres, Goffredo Parise, Lalla Romano, Vanni Scheiwiller, Mario Soldati, Ettore Sottsass.
Mars : cinquième voyage en Angleterre, avec Alberto Moravia et Elsa Morante : rencontre de Thomas Stearns Eliot et Louis Macneice.
Juin : autre voyage à Londres : rencontre de la jeune Italo-anglaise G.B.H., employée dans une agence de voyages. Invité à un meeting aérien, Montale se voit présenter des excuses par un aviateur anglais qui, n'ayant pu franchir le mur du son, l'a pris pour un célèbre critique d'aviation.
Décembre : voyage à Beyrouth. Visite de Palmyre, Tripoli, Damas avec Julian Huxley, frère d'Aldous, directeur général de l'Unesco. Parution du *Quaderno di traduzioni* (poèmes anglais, espagnols, français).

1949. Janvier : à Turin Montale rencontre la jeune poétesse et universitaire Maria Luisa Spaziani (la Renarde, « créature terrestre » qui est l'exacte antithèse de Clizia).
Voyages en Suisse : septembre : Genève (Rencontres Internationales), décembre : Lausanne, Saint-Moritz, Caux (Réarmement Moral).

1950. Juillet : voyage éclair inaugural (avion) Rome-New York.
Août : voyage à Strasbourg (Conseil de l'Europe).

Septembre : voyage en Bretagne (Dinard).
Octobre 1950-mai 1951 : à Florence, fréquentes rencontres entre Robert Lowell et Montale dont l'Américain adaptera des poèmes dans ses *Imitations* (1961).

1951. Installation, avec Mosca, 11 via Bigli (centre de Milan).
Septembre : rencontre, entre autres poètes anglais, de Wystan Hugh Auden, à Venise.

1952. 21 mai : à Paris, conférence à l'Unesco sur *La solitude de l'artiste ;* rencontre d'Alfred Döblin, William Faulkner, André Frénaud, André Malraux, Adrienne Monnier, Jules Supervielle.

1953. Mars-avril : à Paris, rencontre des écrivains : Albert Camus, Jean Paulhan, Francis Ponge ; des artistes : Jean Bazaine, Constantin Brancusi, Georges Braque.
À Merlinge (Suisse), interview de l'ex-reine d'Italie Marie-José.

1954. Montale est nommé critique musical au *Corriere d'informazione* (Scala, Festival de Venise) ; il le restera jusqu'en 1967.
Mars : interview d'Ernest Hemingway à Venise.
Été : voyages en Provence, Espagne, Portugal.
[Poésie : fin du Montale « classique ».]

1955. Août : voyage en Normandie (Seine-Maritime).
Silence poétique de Montale (1955-1959) — journaliste très affairé — séparant sa manière « classique » de sa manière « contemporaine ».

1956. Juin : parution à Venise de *La tourmente et autres textes,* troisième recueil (primitivement : *Roman*), puis, à Noël, de *Farfalla di Dinard (= La maison aux deux palmiers* et *Papillon de Dinard),* quarante-sept récits brillant d'humour et d'originalité, publiés dans le *Corriere* de 1946 à 1953 (plus tard : cinquante). Hors recueil, Montale en aura publié plus de trente autres.

1957. À Locarno, Montale et Mosca fréquentent les artistes du Monte Verità d'Ascona (Suisse).

1959. Avril : mort à Rome d'Anna degli Uberti, restée célibataire.
Novembre : Montale reçoit à Milan la Légion d'honneur.

1960. À Paris, il rencontre Claude Bourdet, Frénaud, Pierre Jean

Jouve, François et Claude Mauriac, André Pieyre de Mandiargues.

1961. Montale docteur *honoris causa* de l'Université d'État de Milan. [Poésie : début du Montale « contemporain »].

1962. Mai : voyage en Grèce. — Publication des plaquettes *Satura* et *Accordi e pastelli* (pastels de l'auteur).
Été : à Fiesole, mariage religieux avec Mosca.
Novembre : à Paris, Montale rencontre Georges Auric, René Char, Jean et Florence Delay, Georges Pompidou.
Décembre : Prix international Feltrinelli de l'Accademia dei Lincei.

1963. 30 avril : à Florence, mariage civil avec Mosca, son aînée de onze ans. Août : elle se casse le col du fémur, entre en clinique, à Milan. 20 octobre : elle y meurt, confiant Montale à Gina Tiossi.

1964. Janvier : Montale journaliste accompagne le pape Paul VI en Terre Sainte (Israël et Jordanie). — Avril : venu à Paris sans Mosca (« je me fais l'effet d'un criminel »), il rencontre Italo Calvino (et lui déclare : « la littérature italienne a longtemps été considérée en France et en Angleterre comme exotique »), Dominique Fernandez, Pratolini, est reçu à la Sorbonne par Paul Renucci et à l'École normale supérieure par Louis Althusser et le traducteur. L'inspiration revient, abondante : premiers *Xenia*.

1965. Avril : à Florence, il remplace au pied levé Eliot décédé pour inaugurer le congrès (clos par Saint-John Perse) commémorant le septième centenaire de la naissance de Dante (*Dante ieri e oggi :* « face à Dante, il n'existe pas de poètes »). — Octobre : il célèbre Dante à l'Unesco.

1966. Montale a soixante-dix ans : floraison d'hommages en Italie. Il publie : *Xenia,* sa Correspondance avec Svevo, et *Auto da fé* (articles de critique politique, morale et d'art).
Novembre : terrible inondation de Florence. Montale y perd livres et tableaux précieux.

1967. Janvier : à l'Institut culturel italien de Paris, Montale préside à la présentation de ses poésies parues chez Gallimard.
Juin : il est fait docteur *honoris causa* à Cambridge.
13 juin : le président de la République Giuseppe Saragat le

nommé sénateur à vie en reconnaissance de ses mérites *artistiques* et littéraires ; il siégera au Parti libéral.
Septembre : installation 15 via Bigli, dernière demeure. — À Giulio Nascimbeni : « mon idéal serait qu'à partir d'un jour X, aucune équipe de football ne puisse plus marquer de but dans le monde entier : à un mètre du but, le ballon changerait de direction. Ce serait un vrai miracle et peut-être le monde redeviendrait-il normal. Mais sur terre les miracles ne se produisent plus. »

1968. À Rome, Montale retrouve Quasimodo lors de la célébration des quatre-vingts ans de Giuseppe Ungaretti.
Avril : à Paris, il participe à la commémoration de Baudelaire. Publication d'*Autres Xenia.* À Milan, Annalisa Cima lui rendra de fréquentes visites jusqu'en 1979. Autres inspiratrices : Adelaide Bellingardi, employée dans une bijouterie de Rome, la danseuse Carla Fracci, l'Américaine Muschka Von Nagel, Marisa Bulgheroni, Sandra Fagioli, Barbara Mattioli ; et la cantatrice Claudia Muzio (1889-1936).

1969. Sortie de *Fuori di casa,* récits de voyages à l'étranger, où la France domine.

1971. Janvier : parution de *Satura,* quatrième recueil (primitivement : *Chalut*) — grand succès — et de *La poesia non esiste,* récits. — Peu après, Montale reçoit mystérieusement des U.S.A. une coupure de journal signée d'Hannah Kahn qu'il avait évoquée dans *Satura.*
Avril : à Paris, à l'Institut, Prix Gulbenkian de l'Académie du monde latin (on lui récite Dante : « *Onorate l'altissimo poeta* »).

1972. *Nel nostro tempo,* collage de déclarations et jugements de Montale édité par Riccardo Campa.

1973. Parution des *Carnets de poésie 1971 et 1972,* cinquième recueil, et de *Trentadue variazioni* (récits).

1974. Montale docteur *honoris causa* de l'Université de Rome et, en novembre, de celle de Bâle.

1975. 23 octobre : MONTALE, PRIX NOBEL.
12 décembre : son discours, à Stockholm : « *E' ancora possibile la poesia ?* dans lequel le seul poème cité est (en français) une odelette de Du Bellay.

1976. L'Italie fête les quatre-vingts ans de Montale. Publication de *Sulla poesia*, articles consacrés aux poètes italiens et étrangers (français et anglais, surtout).
9 décembre : au Centre culturel français de Milan, Montale est nommé Commandeur de la légion d'honneur et docteur *honoris causa* de l'Université de Nice (« le pentadocteur »).

1977. Avril : rencontre à Milan de Montale et Jorge Luis Borges. Juin : Laura Barile publie chez Mondadori sa *Bibliografia montaliana* (« Je suis mort et embaumé », dit-il). — Septembre : parution du *Cahier de poésie 1973-1977*, sixième recueil.

1978. Montale journaliste publie son dernier article (sur la mort de Paul VI). Il est nommé membre de l'American Academy and Institute of Arts and Letters.

1980. Parution de toute *L'opera in versi*, édition critique contenant la primeur d'*Autres vers* (Turin, Einaudi).

1981. Janvier : Giovanni Spadolini édite, de Montale, *I miei scritti sul « Mondo »*. — Mai : parution, chez Mondadori, de *Autres vers et poésies éparses*, septième et dernier recueil.
Août : Montale entre à la clinique Saint-Pie X de Milan.
12 septembre : juste un mois avant ses quatre-vingt-cinq ans, il y meurt en récitant le *Pater* latin.
14 septembre : obsèques officielles célébrées par l'archevêque de Milan en présence du président de la République Sandro Pertini et de Spadolini, président du Conseil ; nombreux jeunes en pleurs dans l'assistance (lycéens, étudiants, poètes). Le 15, Montale est inhumé à San Felice a Ema (banlieue de Florence), aux côtés de Mosca.
Son buste entre à la Scala de Milan.

Paraissent posthumes :

1981 : *Prime alla Scala* (critique musicale) ; *Lettere a Quasimodo* (1930-1938).

1983 : *Quaderno genovese* (Journal, février-août 1917).

1991 : *Diario postumo* (poèmes).

On attend la sortie de *Sulla prosa,* deux mille pages d'articles sur le roman italien et étranger réunis par Giorgio Zampa.

Facétie posthume de Montale : publication annuelle, de novembre 1986 à novembre 1996, à raison de 6 par an, de 66 poèmes dédiés à Annalisa Cima et jalousement gardés dans une banque de Lugano, selon la volonté du poète : l'ensemble fêtera le centenaire de sa naissance.

Dernier miracle : malgré quelques voix qui contestent Montale, son œuvre ne subit en Italie aucun « purgatoire », à l'étranger aucune éclipse ; bien plus, de jeunes poètes italiens la jugent « dangereuse » car Montale, trop à l'avant-garde, risquerait de les influencer.

BIBLIOGRAPHIE SOMMAIRE

ŒUVRES DE MONTALE

En français :

AUX ÉDITIONS GALLIMARD :

Poésies, édition bilingue :

I. *Os de seiche*, 1966.
II. *Les occasions*, 1966.
III. *La tourmente et autres poèmes*, 1966.
IV. *Satura*, 1976.
V. *Carnets de poésie 1971 et 1972 ; Poèmes épars*, 1979.
VI. *Derniers poèmes*, 1988.

AUX ÉDITIONS FATA MORGANA (trad. Mario Fusco) :

La maison aux deux palmiers, 1983 ; *Papillon de Dinard*, 1985 : édition en deux parties de *Farfalla di Dinard*, récits.

En italien :

Presque toutes les œuvres de Montale (poésie et prose) sont éditées chez Mondadori (Milan), notamment :

Tutte le poesie (a cura di Giorgio Zampa), coll. « I Meridiani » (la « Pléiade » italienne), 1984.
Farfalla di Dinard, 1956, éd. complète à partir de 1973.
Per conoscere Montale (antologia a cura di Marco Forti), large choix et chronologie, 1976, éd. augmentée à partir de 1986.

Poesie scelte (a cura di Marco Forti), « Oscar Mondadori » (éd. de poche), 1987.
Tutte le poesie (a cura di Giorgio Zampa), « Oscar Grandi Classici », Mondadori, 1990 : pour la première fois, tous les recueils de Montale, 1245 p., en collection de poche.
Diario postumo, Mondadori, coll. « Lo Specchio », 1991 (la moitie des 66 poèmes à publier posthumes).

SUR MONTALE

La bibliographie spécialisée, en italien, en anglais, et accessoirement en français, est considérable et de qualité. Mais n'existe pas encore LE grand livre sur Montale.

Citons, destinés à un large public :

En français, les articles suivants :

Michel David, « Eugenio Montale poète de l'angoisse », *Le Monde*, 6 décembre 1969.
Patrice Angelini, « Montale (Eugenio) », in *Encyclopaedia Universalis*, vol. 15 ; et in *1982 — Universalia*, Encyclopaedia Universalis éd.
Patrice Dyerval Angelini, « Eugenio Montale conteur », *Critique*, décembre 1986.
Et l'essai suivant, destiné à compléter la préface de Contini : Patrice Dyerval Angelini, *Eusebio ou les paradoxes du poète, lettre ouverte à Eugenio Montale pour le dixième anniversaire de sa mort*, La Pensée Universelle éd., 1991.

En italien ; une lecture à la fois instructive et agréable :

Giulio Nascimbeni, *Montale, Biografia di un poeta*, Milan, Longanesi, 1969, 2e éd. augmentée à partir de 1986.

NOTES

POUR PRÉSENTER EUGENIO MONTALE

Texte écrit directement en français par le grand critique polyglotte Gianfranco Contini (Domodossola 1912-1990) pour servir d'introduction à la première traduction en français de Montale, « *Choix de poèmes* traduit de l'italien par Silvio D'Arco Avalle et Simone Hotelier », Genève, Éditions du Continent, 1946 — ouvrage bilingue aujourd'hui introuvable — et repris dans son recueil d'essais sur Montale *Una lunga fedeltà*, Turin, Einaudi, 1974. On pourra comparer les points de vue de Contini avec ceux que Montale exprima la même année dans son *Interview imaginaire* (voir p. 313).

En complément de ces deux textes, une lecture indispensable : Patrice Dyerval Angelini, *Eusebio ou les paradoxes du poète, Lettre ouverte à Eugenio Montale pour le dixième anniversaire de sa mort*, La Pensée Universelle éd., 1991.

Page 7.

« Un ami commun » : Carlo Emilio Gadda.

Page 10.

« un romancier de ses amis » : Arturo Loria.

Page 12.

« les Mères » : cf. *Le parc de Caserte.*

Page 14.

« *reliquaire et non verger* » : cf. *In limine*, strophe 1.

« *le maillon brisé dans le réseau qui nous serre* » : *ibid.*, strophe 4, vers 1-2.

« *enchevêtrement de souvenirs défunts* » : *ibid.*, strophe 1.

Pages 17 et 21.

« *Only Begetter* » (« Onlie Begetter ») : l'Unique Inspirateur, dédicataire des Sonnets de Shakespeare (cf. p. 100 et 270).

Page 19.

« *il faut trop de vies pour en faire une* » : *L'été*, dernier vers.

« *folles nénies* » : cf. *Boucles d'oreilles*, vers 9-10.

« *balbutie ergotante des damnés* » : cf. *Palio*, dernière strophe, vers 9-10.

« *guerre des mort-nés* » : *La frange de cheveux*, vers 10.

« *éboulement vertigineux* » : cf. *L'éventail*, vers 9-10.

Page 22.

« *tout motif de moi plus récent* » : cf. *Le balcon*, strophe 2, vers 2.

REMARQUE GÉNÉRALE CONCERNANT LES POÈMES

Pour plus de détails sur les inspiratrices, les circonstances, les lieux et les personnages évoqués, se reporter à la chronologie p. 321.

I. OS DE SEICHE

Page 31. IN LIMINE

L'inspiratrice est Paola Nicoli.

Page 32. LES CITRONS

Texte inspiré par Anna degli Uberti en 1922, mais dédié à Paola en 1924.

Page 39. VENT ET BANNIÈRES

Inspiratrice : Anna.

Page 43. PORTOVENERE

« *le Triton* » : torrent de cette localité du golfe de La Spezia.

Page 52.

« NON, NOUS NE SAVONS PAS QUEL LENDEMAIN... »

Texte chanté par un enfant sur la musique d'un monsignore, lors des obsèques religieuses de Montale à Milan.

Page 59. TRAMONTANE

« *le lac du cœur* » : Dante, *Enfer,* I, 20 ; « existences *déchirées ;* tout est *brisé* » : Dante, *Enfer,* XIII, 35 et 33.

Page 64. CHRYSALIDE

Inspiratrice : Paola. On rapprochera le poème de la *Lettre levantine* (p. 303) qui date de l'année précédente.

Page 67. LA MAISON SUR LA MER

Inspiratrice : Paola.
« *la Capraia* » : île située entre Toscane et Corse.

Page 68.

« *s'infinise* » : terme emprunté par Montale à une ballade de Paul Fort.

Page 69. LES MORTS

Inspiratrice : Anna.

Page 70. DELTA

Inspiratrice : Anna.

Page 71.

« *le torrent* » : le Bisagno, à Gênes.

Page 71. RENCONTRE

Inspiratrice : Anna.

Page 73.

« *dans l'air ténébreux* » : Dante : *Enfer,* V, 89, et autres passages.

II. LES OCCASIONS

Recueil dédié à Irma Brandeis (Clizia). — Cf. Goethe : « *toute poésie est poésie d'occasions.* »

Page 79. LE BALCON

Inspiratrice : Anna. Motet détaché des autres motets (p. 93-97) et mis en exergue.

Page 80. VERS ANCIENS

Lieux évoqués : Cinqueterre.

Page 81.

« *pitosphores* » : Montale aime à déformer « pittosporums ».

Page 82.

« *l'autre grisaille* » : celle où baignent les morts (Giacomo Zazzaretta).

Page 82. BUFFALO

« 1929. Vélodrome parisien, alors situé en banlieue, à Montrouge. On assiste à une course de *stayers* — cyclistes précédés de motos qui brisent pour eux la résistance de l'air. Ils courent 100/200 km et peuvent atteindre des vitesses considérables » (N.d.A.).

« *des femmes attendaient* » : « Dans cette marée humaine les femmes semblent prêtes à s'embarquer. L'Achéron ? la foule aussi est prête à " prendre passage ". » (N.d.A.).

Page 83. KEEPSAKE

« Réduits à une existence purement nominale, *flatus vocis*, voici revenir les personnages des opérettes suivantes : *Fanfan la Tulipe, La Geisha, Surcouf, Les Cloches de Corneville, La Cigale et la Fourmi, Fatinitza, La Mascotte, Les Brigands, Le Marquis du Grillon, Ce coquin de Printemps, La Sonnette de l'Apothicaire, Les Mousquetaires au couvent, La Princesse aux dollars, Les Contes d'Hoffmann, La Fille de Madame Angot, Robinson Crusoé* » (N.d.A.).

Page 85. CARNAVAL DE GERTI

« Le plomb fondu jeté par cuillerées dans l'eau froide donne lieu à des incrustations qui permettent, selon les formes diverses qu'elles revêtent, de dresser d'obscurs horoscopes individuels » (N.d.A.). — Coutume d'Italie du Nord.

Page 86.

« Le mari de Gerti (déjà inclus parmi les *absents*) était alors soldat » (N.d.A.). — Gerti se trouvait à Trieste, Montale à Florence.

Page 87. VERS CAPOUE

Inspiratrice : Clizia.

Page 88. DORA MARKUS, 1

Amie juive slave de Bazlen : de Trieste, il avait envoyé à Montale une photo de ses jambes en lui demandant de composer sur elle une poésie (1926).

Porto Corsini : port de Ravenne.

Page 89. DORA MARKUS, 2

1939 : ici, Montale pense en réalité à Gerti.

Page 91. LE PARC DE CASERTE

Le parc de Caserte : le Versailles des rois de Naples, commencé en 1752 sur l'ordre de Charles III.

Les *Mères :* cf. ci-dessus Contini, p. 12, lignes 10-12.

Page 91. ACCELERATO

Inspiratrice : Anna (Giorgio Zampa).

Page 93. MOTETS

Les trois premiers sont inspirés par Paola, tous les autres par Clizia. — G. A. Bécquer : le célèbre poète romantique espagnol (Séville 1836-1870).

Sottoripa : vieilles arcades et rues voûtées de Gênes le long du port.

Page 94.

« *Saint Georges et le Dragon* » : emblèmes de Gênes.

Page 94.

« *Givre sur les vitres* » : « Vie de sanatorium (cf. « *Bien des années...* ») et vie de guerre évoquées côte à côte. La bombe

“ ballerine ” fut utilisée par l’infanterie italienne en 1915 et peut-être encore après. Cette bombe était “ vêtue ” comme une poupée » (N.d.A.).

Page 97.

« *do ré la sol sol* » : notes d’une chanson alors populaire en Italie (« *Amore, amor, portami tante rose* »).

Page 100. LA MAISON DES DOUANIERS

Inspiratrice : Anna, comme dans *Marée basse* et *Stances.*

Page 103. SOUS LA PLUIE

Inspiratrice : Paola.

Page 104.

« *Por amor de la fiebre* » : « paroles de sainte Thérèse d’Avila » (N.d.A.). — On reconnaîtra, plus bas, un tango célèbre.

Page 104. PUNTA DEL MESCO

Inspiratrice : Anna. Le titre évoque un cap près de Monterosso.

Page 105. COSTA SAN GIORGIO

Inspiratrice : Clizia.

Page 106.

« Promenade à deux sur cette rampe au-dessus de Florence. Maritorne est la servante du roman *Don Quichotte* ou une autre du même genre. On sait que “ el dorado ” fut le mythe de l’homme d’or avant de devenir celui du *pays* de l’or. Ici le pauvre fétiche est désormais aux mains des hommes et n’a rien à voir avec l’ “ ennemi ” qui travaille en sous-main… La poésie est restée inachevée… » (N.d.A.).
« *l’ennemi muet* » : le démon, comme chez Pascoli (*L’eremita,* dans *Primi poemetti*).

Page 107. L’ÉTÉ

Inspiratrice : Anna.

Page 107. EASTBOURNE

Poème inspiré par Anna et/ou Clizia.

Page 108.

« L'*August Bank Holiday :* jour férié, le premier lundi d'août » (N.d.A.).

Page 109. CORRESPONDANCES

« Est présent le fantôme de Clizia, peut-être » (N.d.A.).

Page 110.

Bassarée : autre nom de Bacchus.

Page 110. BARQUES SUR LA MARNE

« Ici aussi serait présent le fantôme de Clizia » (N.d.A.).

Page 112. ÉLÉGIE DE PICO FARNESE

Inspiratrice : Clizia. Pico Farnese : bourg dans la province de Frosinone (Latium méridional). Montale y séjournait chez Landolfi dont un serviteur s'appelait Anaclet ; « *des pierres-éponges* » : variété de travertin.

Page 114. NOUVELLES STANCES

Inspiratrice : Clizia.

Page 115.

La Martinelle : tocsin du Palazzo Vecchio à Florence.

Page 115. RETOUR

La Magra : « à la limite de la Toscane et de la Ligurie » (N.d.A.). Poème inspiré par Clizia et/ou Anna.

Page 116.

« *serpents d'enfer* » : « air de la Reine de la Nuit (Mozart, *Flûte enchantée*) » (N.d.A.).

Page 116. PALIO

Inspiratrice : Clizia, comme dans *Nouvelles de l'Amiata.*

Page 117.

« *Licorne et Tortue* » et, plus loin « *Oie et Girafe* » : drapeaux des quartiers de Sienne qui se disputent la course de chevaux du Palio.

Page 118.

« *Les barreaux en croix* » : « à l'époque, je couchais dans une pièce au ras du sol protégée par des barreaux en croix » (N.d.A.).

Page 119. NOUVELLES DE L'AMIATA

L'Amiata : montagne entre Sienne et Grosseto. C'était un pays de mineurs, riche en minerais divers.

Page 121.

« *Cette rixe chrétienne* » : « non la guerre, mais le combat de l'âme et du corps » (N.d.A.).

III. LA TOURMENTE ET AUTRES TEXTES

Page 125. LA TOURMENTE

Cf. Dante, *Enfer,* chant V, vers 31.

Inspiratrice : Clizia, comme dans les pièces suivantes jusqu'au *Lis rouge* compris.

Page 126.

« *la fosse maudite* » : cf. l'*Enfer* dantesque et, surtout, le drame de D'Annunzio *Le Vaisseau.*

Page 127. LETTRE JAMAIS ÉCRITE

Finisterre : cap ibérique, breton, *et* symbolique.

Page 127. BOUCLES D'OREILLES

Sonnet de forme élisabéthaine, comme *La frange de cheveux* et *L'éventail.*

Page 129. LE LIS ROUGE

Le lis rouge est, par concession qu'accordèrent les rois de France, l'un des emblèmes figurant dans le blason de Florence.

Page 129. L'ÉVENTAIL

Inspiratrice : Clizia ou Anna.

Page 130. PERSONAE SEPARATAE

Inspiratrice : Anna.

Page 131.

Alpes de Luni : Lunigiana, près de Carrare, région située entre Ligurie et Toscane. Cf. *Sur la plage*, p. 243.

Page 132. JOUR ET NUIT

Inspiratrice : Clizia, sans doute, comme dans *Ton vol.*

Page 135. 11 AOÛT 1944

« À cette date, Libération de Florence » (N.d.A.).
« *Un bedlington* (terrier), donc un chien, non un avion comme on l'a cru, surgit d'un tronçon du pont Santa-Trinità un de ces jours-là, à l'aube. » (N.d.A.).
« *le gong* » : « il annonçait à la famille : " Le dîner est servi " » (N.d.A.).
« *ma sœur* » : Marianna.

Page 135. BALLADE DE LA CLINIQUE

Inspiratrice : Mosca malade, à Florence, en août 1943.

Page 136.

« *Le dieu taurin* » : « Les Allemands » (N.d.A.) ; cf. leur « *ultime orgueil* » ; « *le Dieu qui colore* » : ce Dieu est un Mars libérateur, ennemi du dieu taurin ; « *les lis du fossé* » : lys rouges de Florence ; « l'*autre* Urgence » : la future Libération.

Page 137.

« *une croix* » : la Croix-Rouge.

Page 138. À DEUX DANS LE CRÉPUSCULE

Inspiratrice : Anna.

Page 139.

« au *point* qui résiste » : le « point », chez Montale, est lieu et instant.

Page 139. LÀ OÙ FUT LE TENNIS...

« *deux sœurs* » : Anna et sa sœur aînée Guglielmina (Mimmina) : le papillon se dit *la farfalla*.

Page 140.

« le *sciacchetrà* » : vin blanc de dessert produit dans les Cinqueterre.

« *Del salón...* » : « vers des *Rimas* de Gustavo Adolfo Bécquer » (N.d.A.).

Page 141.

« *triomphe tripolitain* » : conquête italienne de la Libye (1912).

Page 141. VISITE À FADIN

« De Sergio Fadin, poète ligurien, ont paru posthumes les *Elegie* (préfacées par Sergio Solmi), Milan, Scheiwiller, 1943 » (N.d.A.).

Page 144. NOËL MÉTROPOLITAIN

Inspiratrice : l'Italo-Anglaise G.B.H.

Page 145. SUR LA COLONNE LA PLUS HAUTE

Inspiratrice : Clizia.

Page 145. VERS LE FINISTÈRE

L'inspiratrice mêle Clizia, Mosca et la Renarde.

Page 146. SYRIE

Inspiratrices : Clizia et la Renarde.

Page 146. LUMIÈRE HIVERNALE

Inspiratrices : Clizia et la Renarde — Mosca, selon certains.

« *des paniers* » : « évocation d'un marché au poisson en Syrie » (N.d.A.).

Page 147. POUR UN « HOMMAGE À RIMBAUD »

Inspiratrice : la Renarde.

Page 148. SILVAE

Poésies lyriques variées (cf. Stace, Politien, Laurent le Magnifique).

Page 148. IRIS

Inspiratrice : Clizia, comme pour *Dans la serre*.

« Poème que j'ai rêvé, puis traduit d'une langue imaginaire : peut-être en ai-je été le médium plus que l'auteur » (N.d.A.).

Page 149.

« *fleurs du désert* » : selon les commentateurs, qui divergent, iris des talus, lis blancs mariaux, lys rouge sang du blason de Florence, ou encore les genêts de Leopardi.

Page 151. L'ENCLOS

Inspiratrices : Clizia, et peut-être Anna.

Page 153. RIVAGE DE VERSILIA

La Versilia est la partie nord de la côte toscane.

Page 154.

« *Poisson-prêtre* » : rascasse. « *Poisson-hirondelle* » : hirondelle de Méditerranée (trigle volant).

Page 155. EZEKIEL SAW THE WHEEL

« Titre d'un *negro spiritual* » (N.d.A.).
Inspiratrice probable : Anna.

Page 156. PRINTEMPS HITLÉRIEN

« Hitler et Mussolini à Florence [9 mai 1938]. Soirée de gala au Teatro Comunale. Sur l'Arno, une neige de papillons blancs [= de tracts] » (N.d.A.).
Inspiratrice : Clizia.

Page 157.

« *à Saint-Jean* » : le célèbre Baptistère.
Strophe 4, vers 4 : citation du v. 10 du sonnet VIII, à Giovanni Quirini, du pseudo-Dante *(Rimes d'attribution douteuse).*

Page 158. VOIX QU'APPORTENT LES FOULQUES

Sont en présence : le poète, son père et Clizia.

Page 159.

« *le vide inhabité* » : « Le vide inhabité qui se fait en nous juste avant que nous existions ou que nous disions oui à la vie : le vide qui se fait dans la pendule une seconde avant que l'heure ne sonne » (N.d.A.).

Page 160. L'OMBRE DU MAGNOLIA

Inspiratrice : Clizia.

Page 161. COQ DE BRUYÈRE

Inspiratrice : Clizia ou Anna. Le poème était dédié « à Guido Peyron, peintre et cuisinier », l'un de ceux qui initièrent Montale à la peinture.

Page 162. L'ANGUILLE

Inspiratrice : Clizia ; et peut-être *a posteriori* la Renarde.

Page 163. MADRIGAUX PRIVÉS

Tous inspirés par la Renarde.

« *un arbre* » (v. 1) : il s'agissait d'un cerisier.

Page 164.

Le Cottolengo : institution pour handicapés, fondée à Turin par saint Joseph Cottolengo.

Page 165. LES PROCESSIONS DE 1949

Consécration de l'Italie à la Vierge, à la veille de l'Année Sainte 1950.

« *ton écart sur l'eau* » : promenade sentimentale à deux sur une bicyclette...

Page 165. D'UN LAC SUISSE

À Ouchy (lac Léman).

On a tenté de reproduire en français l'acrostiche construit par Montale.

Page 167. CONCLUSIONS PROVISOIRES

Inspiratrices des deux poèmes : Clizia et la Renarde.

Page 168. LE RÊVE DU PRISONNIER

Selon Montale, *n'est pas* uniquement un prisonnier politique.

IV. SATURA

Satura : pot-pourri, mélange littéraire, composition abondante, farce dramatique, satire, et ensemble de lois (ou d'anti-lois les tournant en dérision).

Page 173. DIRE « TU »

« Le *tu* de mes poésies ne s'adresse jamais à moi-même : c'est un tu institutionnel, l'antagoniste qu'il faudrait inventer même s'il n'existait pas » (N.d.A.). Exemple : dans la première édition d'*Os de seiche*, chaque texte était dédicacé à un ami ou à une connaissance du poète.

Page 173. DU TAC AU TAC I

« *Asolando* est le titre de poésies de Robert Browning écrites à Asolo [petite ville aristocratique de Vénétie] » (N.d.A.).

Page 174.

« *L'époché :* de Husserl, la vie " mise entre parenthèses " » (N.d.A.).

Page 175.

Monghidoro : dans la région de Bologne — pays d'Alice Bigi, *alias* Palmina dans le récit *Les roses jaunes (La maison aux deux palmiers).*

Page 177. XENIA

Cadeau posthume expiatoire offert à Mosca, offrande votive au(x) dieu(x), aux hôtes et amis, et épigrammes s'inspirant de Martial, Goethe et Schiller. Avec ce deuil, « on entre dans un sentiment d'immense responsabilité » (Montale).

Page 179.

La Maison Rouge : hôtel existant encore, à Strasbourg. « Les personnages cités sont Ruggero Orlando [journaliste, alors bien connu à la radio-télévision italienne]... et un publiciste [Bigio]... célèbre pour son avarice » (N.d.A.).

Page 185.

« *L'inondation* » : l'Arno inonda Florence le 4 novembre 1966.
Ezra : Pound.
Chants Orphiques : 1914, du poète Dino Campana (1885-1932).

Page 188. LA MORT DE DIEU

Inspiratrice : Mosca, comme dans *L'enfumé.*
La Périgourdine : la Rôtisserie périgourdine, restaurant du Quartier Latin.

Page 190. DERNIERS TIRS

Inspiratrice : Mosca, comme dans *Le revenant.*

Stanislaus : « Stanislaus Joyce, frère de James, donna des leçons d'anglais à ma femme pendant la Seconde Guerre » (N.d.A.).

« *Tu volais bien peu* » : cf. *Ballade de la clinique.*

« *des tirs* » : tirs anglais contre les Allemands occupant Florence (juillet 1944).

Page 192. « JE VOIS UN OISEAU... »

Inspiratrice : Mosca, ou une habituée du Monte Verità à Ascona.

Page 192. LA BELLE DAME SANS MERCI

Titre emprunté à Keats qui l'avait pris à Alain Chartier.

Inspiratrice : la Mort et/ou Mosca.

« *les mouettes cantonales* » : à Locarno (1957).

Page 193.

« *sans ailes* » : sans poésie (Marco Forti).

Page 193. DU TAC AU TAC II

Inspiratrice : une habituée du Monte Verità (Forti) ; 1957.

Page 194.

« *un musicologue* » : le Hollandais Anthony van Hoboken, spécialiste de Haydn.

« *mais celle où je suis* » : la « fourmilière » de Forte dei Marmi.

Brunnen : en Suisse.

Page 196. TARD DANS LA NUIT

« *girafe* » : des cinéastes. — Le poète était à Venise, Mosca restée à Milan.

Page 198. BAFOUILLER

« *quelqu'un parla intégralement* » : le Christ.

Page 200. L'ANGE NOIR

« *incompréhensible fabulation* » : les « fabulations » de Bergson (*Les deux sources...*, chap. II), où l'imagination suscite des apparitions fantasmatiques.

Page 201. L'ARNO À ROVEZZANO

Inspiratrice : Muschka von Nagel. — *Rovezzano :* banlieue de Florence.

« ... *l'endormie* » : « sérénade de Méphisto, dans le *Faust* de Gounod » (N.d.A.).

Page 203. LES HOMMES QUI SE RETOURNENT

« Ici revient Clizia, peut-être » (N.d.A.).

Page 205. LES SAISONS

« *fumée d'averne* » : gueule des enfers (cf. Virgile).

Page 206.

Barbenoire : Barbanera, almanach qui fut populaire en Italie. « *Non fare il Barbanera* » = « Ne parle pas de malheur. »

Page 206. APRÈS UNE ÉVASION

Inspiratrice : Laura Papi.

Page 207.

« les *Focette* » : localité de la côte toscane (Versilia).

Page 210.

« Les *Burlamacchi,* les *Caponsacchi* » : « On connaît les *Burlamacchi,* famille protestante de Lucques qui se réfugia à Genève lors de la Contre-Réforme. *Caponsacchi,* prêtre qui enleva une jeune femme malheureuse en mariage, est le héros du poème de R. Browning *The Ring and the Book.* Seules des raisons de nombre et de son m'ont poussé à associer ces deux noms » (N.d.A.).

Page 210.

Lucumons : chefs étrusques. — Nécropoles de la Toscane maritime (Tarquinia, et Populonia près de Livourne).

Page 211.

« *vinaigre des Sept Voleurs* » : « qu'on respirait, contre les évanouissements » (N.d.A.).

« *praesente cadavere* » : formule liturgique de l'enterrement religieux « en présence du *corps* » (= le poète, le passé, etc.).

« qui *ne soit pas* silence » : cf. Hamlet mourant.

Page 212. LE RÉPERTOIRE

Inspiratrice : Mosca.

Page 214. PREMIER JANVIER

Inspiratrice : Laura.

Page 215. RÉBECCA

« *ses chamelles* » : *Genèse,* XXIV.

Page 216. SILENCE

Inspiratrice : Mosca, comme dans *Lumières et couleurs.*

« *Pourquoi te réveiller* » : « parodie d'un air du *Werther* de Massenet (acte III) » (N.d.A.).

Page 217. LUMIÈRES ET COULEURS

« *tout ce que tu as vu* » : « dans l'au-delà » (N.d.A.).

V. CARNETS DE POÉSIE 1971 ET 1972

Page 221. À LEONE TRAVERSO

L. Traverso : traducteur apprécié en Italie, surtout comme germaniste (1910-1968).

Page 222. L'ARTE POVERA

Inspiratrice : Mosca.

« ... *avec des oiseaux prisonniers* » : « pure vérité » (N.d.A.).

Page 226. CACHETTES

Gubelin : « C'était une pendulette automatique qui n'a jamais marché. Que pouvait offrir d'autre une ville où il pleut toujours ? » (N.d.A.).

Page 227. À CELLE QUI LIT LES JOURNAUX

« Inspiratrice indéterminée, imaginaire peut-être » (N.d.A.).

Page 229. LE LAC D'ANNECY

Inspiratrice : Anna.

Page 230. AU MIXEUR

Bernadette : « prénom d'un personnage ici imaginaire » (N.d.A.). — En réalité, l'inspiratrice est Adelaide Bellingardi.

Page 231. AU POINT OÙ TU EN ES

« L'ombre est peut-être l'âme, mais non au sens spiritualiste » (N.d.A.).

Page 232. TRIOMPHE DES ORDURES

Inspiratrice : Adelaide.

« *leur gloire de survivre* » : « opposition entre la misère de certains quartiers de Rome et les prétentions rhétoriques de la Ville » (N.d.A.), que Montale appelait une ville orientale (N.d.T.).

Page 233. « JE SUIS PRÊT, JE LE RÉPÈTE »

« *le Voile* » : du Temple de Jérusalem, qui s'est déchiré à la mort du Christ.

Page 234. LETTRE À BOB

« *Rue Cecilia de Rittmeyer* » : à Trieste. — « Bobi Bazlen préférait l'allemand à l'italien » (N.d.A.).

Page 235. LETTRE À MALVOLIO

Malvolio : cf. Shakespeare, *Le Soir des Rois.* — Il s'agirait de Pasolini et, surtout, de ses partisans et imitateurs représentant le type de l'intellectuel « à la page », prêt à tous les compromis et grassement payé, « capable même de faire de bonnes affaires » (Montale).

Page 236. POUR PRENDRE CONGÉ

« *Chiliastes* » : « millénaristes, souvent avisés en affaires » (N.d.A.).

Page 237. L'ODEUR D'HÉRÉSIE

Miss Petrus : Miss Petre (*Autobiography and Life of George Tyrrell,* 1912). — *G. Tyrrell :* moderniste catholique irlandais (1861-1909).

« *le barnabite* » : le Père Trinchero.

« *In questa tomba oscura* » *:* lied de Beethoven sur des paroles italiennes de Giuseppe Carpani.

Page 240. JAUFRÉ

Goffredo Parise : romancier (Vicence, 1929-1986). Jaufré renvoie aussi à Jaufré Rudel, célèbre au Moyen Âge pour son « amor de lonh ».

Page 241. TERREUR D'EXISTER

« *sanglant carnaval* » : allusion au terrorisme.

Page 242. CERTAINS MEURENT...

« *Certains meurent pour nous* » : cf. saint Paul, *Épître aux Romains,* XIV, 7, et G. Bernanos, *Dialogues des Carmélites.*

Page 243. DANS UN JARDIN « À L'ITALIENNE »

général Pelloux : ministre italien de droite (La Roche-Faucigny 1839-Bordighera 1924).

Page 243. SUR LA PLAGE

Alpes de Luni : voir p. 131, *Personae separatae.*

Page 245. NÉO-ICONOGRAPHES

Baffo : Giorgio Baffo (1694-1768), poète dialectal vénitien licencieux.

« *claquements de mitraille* » : allusion au massacre des athlètes israéliens lors des Jeux olympiques de Munich (septembre 1972).

Page 245. LE PRINCE DE LA FÊTE

« Ici on ne saurait dire si le Prince de la Fête est le Démiurge des Grecs (créateur) ou son irremplaçable *fondé de pouvoir* » (N.d.A.).

Page 246. ANNETTE

Bistolfi : Leonardo Bistolfi, sculpteur piémontais (1859-1933).

« *un merle bleu* » : cf. *Maladie* (p. 311). C'est le *passero solitario* de Pétrarque, Leopardi et Pascoli, improprement traduit par *passereau solitaire.*

Page 247.

« *le motif* » (de Des Grieux) : dans l'opéra *Manon.*

Page 248. DIAMANTINE

Inspiratrice : Adelaide.

Strophe 1 : parodie des poètes italiens néo-classiques (Alfieri, Monti, Parini).

Page 250. SORAPIS, IL Y A QUARANTE ANS

Inspiratrice : Mosca. — « *Hic manebimus* (optime) » : « restons ici, c'est le mieux » (Tite-Live, livre V, chap. 55).

Page 251. *L'ÉLAN VITAL*

« *Jupiter meurt...* » : Carducci (sonnet *Dante*, in *Rime Nuove*) : « Jupiter meurt, et l'hymne du poète dure. »

Page 252. DANSEUSE LASSE

Inspiratrice : la danseuse Carla Fracci.
Vers 1-2 : deux premiers vers de l'ode de Parini *L'educazione*.
« *Lors on chantait... l'on demeure* » : sept vers parodiques néo-classiques, avec allusion à l'air du charlatan Dulcamara dans *L'Elisir d'Amore* de Donizetti.
« *défilés* de mort » : cf. *Néo-iconographes*.

Page 253. À NOTRE GRILLON

Inspiratrice : Mosca.

VI. CAHIER DE POÉSIE 1973-1977

Page 258. L'ÉDUCATION INTELLECTUELLE

« *Le princeps des fous* » : Nietzsche, à Turin (1889).

Page 259. À PIO RAJNA

P. Rajna : critique et philologue, professeur à l'Université de Florence, spécialiste du poème chevaleresque à la Renaissance italienne (1847-1930).

Page 260.

Enfer : vin de la Valteline (Alpes lombardes).

Page 261. « QUAND J'AI COMMENCÉ À PEINDRE... »

Inspiratrice : Mosca. — *Place Navone :* Piazza Navona, à Rome.
« cap-a-pe » : « de pied en cap » (*Hamlet*, acte I, scène II, vers 200).

Page 262. SOUS UN TABLEAU LOMBARD

Palais-Madame : siège du Sénat italien à Rome.

Crémone : Tranquillo Cremona, peintre romantique de Lombardie.

Page 263. « CE N'EST PAS MA FAUTE... »

Vers 5-6 : parodie des vers 7-8 de l'ode de Parini *La caduta.*

Page 263. À REBOURS

« Il s'agit d'un général Montale, au XIXe siècle » (N.d.A.).

Page 264. LE SABIÂ

« Non pas l'arbre tropical mais un oiseau, héros d'une chanson célèbre où le poète brésilien Gonçalves Dias (1823-1864) oppose son chant à celui du rossignol portugais » (N.d.A.).

Page 265. « LA VIE BULLE INFINIE »

« Que te demeure encor » : v. 137 de l'ode *Al Sig. di Montgolfier* (1784).

Page 266. POUR UNE FLEUR FAUCHÉE

Inspiratrice : Anna, la Fauvette.

Page 273. LES PRESSE-PAPIERS

« *un critique* » : Alfredo Gargiulo.

Page 275. SUR LE LAC D'ORTA

Angles : « Un pape dont je ne me rappelle pas le nom, ayant pour la première fois vu des Anglais, fut frappé par leurs cheveux blonds et demanda : Anges ou Angles ? » (N.d.A.).

Page 275. À TES PIEDS

Le poète s'adresse peut-être à Dieu.

Page 277. DANS L'INHUMAIN

L'Île des Morts : célèbre tableau de Böcklin. — Il s'agit ici de Mosca.

Page 277. CE QUI EN RESTE (S'IL EN RESTE)

« *la vieille servante* » : Maria Bordigoni, la « femme barbue » du récit *La maison aux deux palmiers.*

Page 278. À CELLE DU PHARE

Anna.

Page 279. SUR LA PLAGE

« *Un abbé* » : Pietro Giordani, ami de Leopardi, qui prônait comme modèle de prose celle de Fra Domenico Cavalca, dominicain pisan du XIVe siècle.

Page 280. À LA MER (EN QUELQUE SORTE)

« *alcyonienne* » : *Alcyone*, recueil lyrique de D'Annunzio composé au même endroit (Versilia, Forte dei Marmi).

Page 281.

« *Hic manebimus* » : voir p. 250, *Sorapis...*

Page 282. « PROTÉGEZ-MOI »

« *dans le Larousse illustré* » : suite au Prix Nobel.

Page 283. MORGANE

Inspiratrice : Clizia, sans doute.

« *un multiple* » : le grand âge ; la foule des morts et des vivants d'élection ; et les attributs multiples de Clizia, « déesse » du poète.

VII. AUTRES VERS ET POÉSIES ÉPARSES

Page 287. « DÔMES DE FEUILLAGE... »

Vers Tellaro : près de Lerici (golfe de La Spezia).

Page 287. « LORSQUE MON NOM PARUT... »

À l'occasion du Prix Nobel.

Page 288. NOURRISSONNE DES MUSES

Personnage imaginaire mêlant Anna, Adelaide et l'universitaire Rosanna Bettarini.

Page 289. À L'AMI PEA

Enrico Pea (1881-1958) : romancier, poète et homme de théâtre toscan, ami d'anarchistes, qu'Ungaretti jeune connut à Alexandrie.

Leopoldo Fregoli : le célèbre acteur à transformations et illusionniste (1867-1936).

Page 290. AU JARDIN D'ITALIE

À Gênes (juillet 1929).

Lothaire, Mignon : dans l'opera *Mignon* d'Ambroise Thomas.

Page 290. LES PLANTES GRASSES

Cesare De Lollis, écrivain et professeur à l'Université de Rome (1863-1928).

Page 291. « IL ME SEMBLE IMPOSSIBLE... »

Inspiratrice : Mosca, comme dans « *Finies les nouvelles...* »

Page 292. « TOUTE LA FOI QUE J'AI EN TOI... »

Inspiratrice : Clizia, comme dans *En 38, Quatuor,* « *La vie s'enfuit* ».

Le premier vers est emprunté au recueil *Paroles* d'Antonia Pozzi (1912-1938).

« *divin poème* » : la *Divine Comédie.*

Page 295. QUATUOR

Elena Vivante : peintre († 1963), épouse du philosophe et angliciste Leone Vivante, inspiratrice du poète ligurien et « *bryologue* » (spécialiste mondial des lichens), Camillo Sbarbaro (1888-1967) qu'elle invitait avec Montale dans sa villa « La Solaia », près de Sienne.

« *place-coquillage* » : Palio de Sienne.

Page 295. « LA VIE S'ENFUIT »

Ce serait — titre prémonitoire inspiré de celui de la *canzone* LXXI de Pétrarque — la dernière poésie de Montale.

Page 296.

John Donne : le poète et théologien anglais (1573-1631), chantre des puces et porteur de celles-ci, selon Montale.

Page 296. AIMÉE DES DIEUX

Inspiratrice : Anna, comme pour *Ah !* — Dans le titre, allusion au vers de Ménandre que traduisit Leopardi : « Meurt jeune celui qu'aime le ciel. »

Page 303 LETTRE LEVANTINE

Riviéra du Levant, est de Gênes. Ce texte, matrice de *Chrysalide*, et donc inspiré par Paola, fut « dédié » au sculpteur Francesco Messina.

Page 308. « DOUCES ANNÉES... »

Inspiratrice : Anna. Titre primitif : *Destin d'Arlette.*

Page 310. « POUR MOI L'AIGUILLE... »

A Mosca et/ou à Dieu.

Page 311. PAGE D'ALBUM

Texte adressé au traducteur, venu à Milan le 9 décembre 1976 (voir chronologie).

INTERVIEW IMAGINAIRE

Page 313.

1. « Un poète comme Montale, dit un jour André Frénaud, ne peut être présenté que par lui-même. » Or il se trouve qu'à la demande d'étudiants de certaines universités suisses et anglaises et à celle du directeur de la *Rassegna d'Italia,* Francesco Flora (1891-1962), Montale composa un texte autobiographique — premier d'une longue série d'autocommentaires, de déclarations et d'interviews — qu'il prononça ensuite sous forme de conférence au célèbre Collegio Borromeo de Pavie. Sous le titre d'*Intenzioni* cette conférence, aujourd'hui reprise dans *Sulla poesia* (Milan, Mondadori, 1976, p. 561), parut dans le *Rassegna d'Italia* en 1946. Traduite par A. Mastrangelo vers 1954 et intitulée par lui « Poète malgré lui » — le texte en effet partait de ce concept —, elle apparaît ici en guise de postface, telle qu'elle fut remaniée par l'auteur en 1964 pour servir de préface aux *Poésies,* vol. I, *Os de seiche,* Gallimard, 1966.

2. *La Ronda :* revue néo-classique, fondée par le poète Vincenzo Cardarelli, éditée à Rome (1919-1922). Elle refusait toute poésie postérieure à Leopardi et prônait une « prose d'art ».

Page 314.

3. « *rimes tronquées :* rimes formées de mots accentués sur la dernière syllabe *(parole tronche)* et aussi, parfois, de mots apocopés,

tronqués artificiellement (qui perdent la voyelle sur laquelle se terminent généralement les mots italiens) ; exemple : *Verso le venti e trent — Viene il dottor Frument,* etc. » (N.d.A.)

4. Citons, groupés autour de la revue *Riviera ligure* (1899-1919), fondée par Mario Novaro (1868-1944) : Giovanni Boine (1887-1917), auteur de *Débris* en prose, Piero Jahier (1884-1966), Ceccardo Roccatagliata Ceccardi (1871-1919) et surtout Camillo Sbarbaro (1888-1967), auteur de *Résidus* et de *Copeaux ;* enfin, plus tard, les poètes Angelo Barile (1888-1967) et Adriano Grande (1897-1972).

5. Dans les *Accords,* « suite » musicale de poèmes de jeunesse écartés jusqu'en 1962.

6. *Vittorio Pica* (Naples 1864-Milan 1930), critique d'art.

Page 315.

7. « Je le croyais, en 1946 : aujourd'hui en Italie on peut écrire en pseudo-vers jusqu'au procès-verbal d'un conseil d'administration » (N.d.A. en 1964).

Page 316.

8. *La Voce :* revue florentine « européenne » (1908-1916), fondée par Giuseppe Prezzolini et Giovanni Papini.

Page 318.

9. Parmi les nombreuses traductions de Montale, citons : cinq drames de Shakespeare *(Hamlet, Conte d'hiver, La Comédie des erreurs, Timon d'Athènes, Jules César), Le Cid* de Corneille, le *Faust* de Marlowe, *Billy Budd* d'Herman Melville, plusieurs *Entremeses* et nouvelles de Cervantes et un recueil de divers poètes étrangers (*Quaderno di traduzioni,* dernière édition augmentée : Milan, Mondadori, 1982).

10. *Selvaggia, Mandetta, Delia :* symboles pétrarquisants de l'éternel féminin. Selvaggia fut la mystérieuse inspiratrice de Cino da Pistoia (1270-1337), poète du Dolce Stil Novo, ami de Dante et de Pétrarque. Mandetta est chantée par un autre *stilnovista,* grand ami de Dante, qui, exilé à Toulouse, l'avait rencontrée dans l'église de la Daurade : Guido Cavalcanti (1259-1300). Delia : la jeune femme aimée par l'élégiaque latin Tibulle et la *Délie* de Maurice Scève. Ce symbole féminin, Montale l'appelle *procellaire,* nom savant du pétrel, oiseau des tempêtes (lat. *procella*) : contexte historique évident.

11. *25 juillet 1943 :* coup d'État marquant la chute du fascisme. Mussolini est destitué par le Grand Conseil fasciste et arrêté sur l'ordre du roi Victor-Emmanuel III.

12. Il ne s'agit pas ici du *monophysite* au sens historique (qui refuse de distinguer en Jésus-Christ les deux natures, humaine et divine), mais de celui qui ne reconnaît pas de manifestation ou de symbole de « l'éternel sacrifice chrétien », qui ne reconnaît pas de Sauveur, en dehors du seul Christ et du seul christianisme.

* Rappelons que, lorsque Contini cite dans la préface les titres italiens des poèmes, nous les indiquons ici à côté des titres français.

III. LA TOURMENTE
ET AUTRES TEXTES *(La bufera e altro)* (1re édition : 1956 ; composition : 1939-1954)

Le domaine italien
dans Poésie / Gallimard

DANTE, *Vita Nova*. Préface et traduction de Louis-Paul Guigues

Giacomo LEOPARDI, *Canti*, suivis d'un choix d'*Œuvres morales*. Préface de Jean-Michel Gardair. Traduction de F.-A. Aulard, Juliette Bertrand, Philippe Jaccottet et Georges Nicole

Pier Paolo PASOLINI, *Poésies (1953-1964)*. Préface et traduction de José Guidi (édition bilingue)

Cesare PAVESE, *Travailler fatigue. La mort viendra et elle aura tes yeux. Poésies variées*. Préface de Dominique Fernandez. Traduction de Gilles de Van

François PÉTRARQUE, *Canzoniere*. Préface de Jean-Michel Gardair. Traduction de Ferdinand L. de Gramont

Giuseppe UNGARETTI, *Vie d'un homme*. Préface de Philippe Jaccottet. Traduction de Philippe Jaccottet, Pierre Jean Jouve, Jean Lescure, André Pieyre de Mandiargues, Francis Ponge et Armand Robin

DERNIÈRES PARUTIONS

85.	Charles Baudelaire	*Les Fleurs du Mal.*
86.	Hölderlin	*Hypérion.*
87.	Arthur Rimbaud	*Poésies. Une saison en enfer. Illuminations.*
88.	Lautréamont	*Œuvres complètes.*
89.	Alfred de Vigny	*Poèmes antiques et modernes. Les Destinées.*
90.	Michel Deguy	*Poèmes 1960-1970.*
91.	Victor Hugo	*Les Contemplations.*
92.	Tristan Corbière	*Les Amours jaunes.*
93.	Paul Verlaine	*Fêtes galantes, Romances sans paroles* précédé de *Poèmes saturniens.*
94.	Paul Morand	*Poèmes.*
95.	Charles Baudelaire	*Petits Poëmes en prose.*
96.	François Villon	*Poésies.*
97.	Victor Segalen	*Stèles.*
98.	Toukârâm	*Psaumes du pèlerin.*
99.	Marguerite Yourcenar	*Fleuve profond, sombre rivière.*
100.	Gérard de Nerval	*Poésies et Souvenirs.*
101.	Paul Éluard	*Le livre ouvert.*
102.	Paul Valéry	*La Jeune Parque.*
103.	Paul Claudel	*Connaissance de l'Est.*
104.	Pierre de Ronsard	*Les Amours.*
105.	Jean de La Fontaine	*Fables,* Livres I à VII.
106.	Jean de La Fontaine	*Fables,* Livres VIII à XII.

107. Dante — *Vita Nova.*
108. Virgile — *Énéide.*
109. Joachim Du Bellay — *Les Regrets. Les Antiquités de Rome.*
110. William Shakespeare — *Sonnets.*
111. Paul Verlaine — *Sagesse. Amour. Bonheur.*
112. Robert Desnos — *Destinée arbitraire.*
113. Stéphane Mallarmé — *Igitur. Divagations. Un coup de dés.*
114. Aragon — *Les Poètes.*
115. Alfred de Musset — *Premières Poésies. Poésies nouvelles.*
116. Francis Ponge — *La rage de l'expression.*
117. Pablo Neruda — *Mémorial de l'Île Noire* suivi de *Encore.*
118. Victor Hugo — *Les Châtiments.*
119. Alfred Jarry — *Les Minutes de sable mémorial. César-Antechrist.*
120. Guillevic — *Sphère.*
121. Rainer Maria Rilke — *Vergers.*
122. Paul Éluard — *Donner à voir.*
123. *** — *Anthologie de la poésie japonaise classique.*
124. René Char — *Le Nu perdu.*
125. Marguerite Yourcenar — *Présentation critique de Constantin Cavafy (1863-1933).*
126. Octavio Paz — *Versant Est.*
127. Guillaume Apollinaire — *Le Poète assassiné.*
128. Cesare Pavese — *Travailler fatigue. La mort viendra et elle aura tes yeux.*
129. Jules Laforgue — *Poésies complètes,* I.
130. Jules Laforgue — *Poésies complètes,* II.
131. Paul-Jean Toulet — *Les Contrerimes.*
132. Paul Verlaine — *La Bonne Chanson. Jadis et naguère. Parallèlement.*
133. André Pieyre de Mandiargues — *Le point où j'en suis.*
134. Rabindranath Tagore — *Le Jardinier d'amour.*
135. Francis Ponge — *Lyres.*
136. Aloysius Bertrand — *Gaspard de la Nuit.*

137. Aragon	*Le Crève-Cœur.*
138. Novalis	*Les Disciples à Saïs. Hymnes à la Nuit.*
139. Max Jacob	*Le laboratoire central.*
140. Pier Paolo Pasolini	*Poésies 1953-1964.*
141. Victor Hugo	*Odes et Ballades.*
142. Francis Jammes	*Clairières dans le Ciel.*
143. Alfred Jarry	*Gestes et opinions du Docteur Faustroll. L'Amour Absolu.*
144. Antonio Machado	*Champs de Castille.*
145. Alphonse de Lamartine	*Méditations poétiques.*
146. Joë Bousquet	*La Connaissance du Soir.*
147. Giuseppe Ungaretti	*Vie d'un homme.*
148. Jacques Audiberti	*Des Tonnes de semence. Toujours.*
149. Germain Nouveau	*La Doctrine de l'Amour.*
150. Raymond Queneau	*Courir les rues. Battre la campagne. Fendre les flots.*
151. Victor Hugo	*Les Orientales. Les Feuilles d'automne.*
152. Pierre Reverdy	*Ferraille.*
153. José-Maria de Heredia	*Les Trophées.*
154. Théophile Gautier	*Émaux et Camées.*
155. Ossip Mandelstam	*Tristia.*
156. ***	*Anthologie de la poésie chinoise classique.*
157. Paul Éluard	*Une leçon de morale.*
158. Yves Bonnefoy	*Poèmes.*
159. Giacomo Leopardi	*Canti.*
160. Max Jacob	*Derniers poèmes en vers et en prose.*
161. Edgar Poe	*Poèmes.*
162. Victor Hugo	*Les Chansons des rues et des bois.*
163. Émile Verhaeren	*Les Campagnes hallucinées. Les Villes tentaculaires.*
164. Pierre Mac Orlan	*Poésies documentaires complètes.*
165. François Malherbe	*Poésies.*
166. Alain Bosquet	*Sonnets pour une fin de siècle.*

167. Lorand Gaspar — *Sol absolu.*
168. *** — *Anthologie de la poésie française du XXe siècle.*
169. Victor Hugo — *Les Chants du crépuscule. Les Voix intérieures. Les Rayons et les Ombres.*
170. Maurice Fombeure — *Les étoiles brûlées.*
171. Emily Brontë — *Poèmes.*
172. François Pétrarque — *Canzoniere.*
173. Louise Labé — *Œuvres poétiques.*
174. Jules Romains — *La Vie unanime.*
175. Édouard Glissant — *Le sel noir.*
176. Jean Cocteau — *Vocabulaire. Plain-Chant.*
177. Claude Roy — *Sais-tu si nous sommes encore loin de la mer ?*
178. Marceline Desbordes-Valmore — *Poésies.*
179. Jean Follain — *Usage du temps.*
180. Marie Noël — *Les Chansons et les Heures.*
181. Maurice Maeterlinck — *Serres chaudes. Quinze Chansons. La Princesse Maleine.*
182. Pablo Neruda — *Chant général.*
183. Maurice de Guérin — *Poésie.*
184. André Frénaud — *La Sorcière de Rome.*
185. Federico García Lorca — *Suites. Sonnets de l'amour obscur.*
186. Maurice Scève — *Délie.*
187. Georges-Emmanuel Clancier — *Le paysan céleste.*
188. Victor Hugo — *La Fin de Satan.*
189. Goethe — *Le Divan.*
190. Marguerite Yourcenar — *La Couronne et la Lyre.*
191. *** — *Anthologie de la poésie française du XIXe siècle.*
192. Paul Claudel — *Art Poétique.*
193. Philippe Soupault — *Georgia. Épitaphes. Chansons.*
194. Victor Hugo — *L'Année terrible.*
195. Nicolas Boileau — *Satires. Épîtres. Art poétique.*
196. Jorge Luis Borges — *Œuvre poétique, 1925-1965.*
197. Alain Bosquet — *Poèmes, un.*

198.	Pierre de Ronsard	*Les Quatre Saisons.*
199.	André Frénaud	*La Sainte Face.*
200.	Guillevic	*Du domaine.*
201.	Henri Michaux	*Plume.*
202.	Charles Leconte de Lisle	*Poèmes barbares.*
203.	Victor Segalen	*Odes. Thibet.*
204.	Charles Péguy	*Le Porche du mystère de la deuxième vertu.*
205.	Michel Deguy	*Poèmes II (1970-1980).*
206.	André Salmon	*Carreaux.*
207.	Robert Mallet	*Quand le miroir s'étonne.*
208.	André Gide	*Les Cahiers et les Poésies d'André Walter.*
209.	Rutebeuf	*Poèmes de l'infortune.*
210.	Henri Michaux	*Ailleurs (Voyage en Grande Garabagne. Au pays de la Magie. Ici, Poddema).*
211.	Jean Tardieu	*L'accent grave et l'accent aigu.*
212.	Jean-Paul de Dadelsen	*Jonas.*
213.	Clément Marot	*L'Adolescence clémentine.*
214.	Fernando Pessoa	*Le Gardeur de troupeaux* et les autres poèmes d'Alberto Caeiro avec *Poésies d'Alvaro de Campos.*
215.	Georges Ribemont-Dessaignes	*Ecce Homo.*
216.	***	*Anthologie de la poésie française du* XVIIe *siècle.*
217.	Henri Michaux	*La nuit remue.*
218.	Virgile	*Géorgiques.*
219.	Jules Supervielle	*La Fable du monde. Oublieuse mémoire.*
220.	André Frénaud	*Les Rois mages.*
221.	Jacques Réda	*Amen. Récitatif. La tourne.*
222.	Daniel Boulanger	*Retouches.*
223.	Alain Bosquet	*Un jour après la vie. Maître objet.*
224.	Henri Michaux	*Connaissance par les gouffres.*
225.	Boris Pasternak	*Ma sœur la vie* et autres poèmes.

226.	Georges Perros	*Une vie ordinaire.*
227.	Jacques Roubaud	*ε.*
228.	Henri Michaux	*Épreuves, exorcismes.*
229.	Georges Séféris	*Poèmes,* suivi de *Trois poèmes secrets.*
230.	Pierre Reverdy	*Plupart du temps.*
231.	***	*Chansonnier révolutionnaire.*
232.	***	*Anthologie de la poésie lyrique française des* XIIe *et* XIIIe *siècles.*
233.	Daniel Boulanger	*Tchadiennes.*
234.	René Char	*Éloge d'une Soupçonnée.*
235.	Henri Michaux	*La vie dans les plis.*
236.	Robert Sabatier	*Les châteaux de millions d'années.*
237.	Norge	*Poésies 1923-1988.*
238.	Octavio Paz	*Le feu de chaque jour.*
239.	Claude Roy	*A la lisière du temps.*
240.	Edmond Jabès	*Le Seuil Le Sable.*
241.	Pierre Louÿs	*Les Chansons de Bilitis.*
242.	Miguel Angel Asturias	*Poèmes indiens.*
243.	Georg Trakl	*Crépuscule et déclin.*
244.	Henri Michaux	*Misérable miracle.*
245.	Eugène Guillevic	*Étier* suivi de *Autres.*
246.	Adonis	*Mémoire du vent.*
247.	Max Jacob	*Poèmes de Morven le Gaëlique.*
248.	Dylan Thomas	*Vision et Prière.*
249.	***	*Chansons françaises de la Renaissance.*

Ce volume,
le deux cent cinquantième de la collection Poésie,
a été achevé d'imprimer sur les presses
de l'Imprimerie Bussière à Saint-Amand (Cher),
le 20 août 1991.
Dépôt légal : août 1991.
Numéro d'imprimeur : 1806.
ISBN 2-07-032662-4/Imprimé en France.

53404